U0056624

第一次跑馬拉松就成功！

坂本雄次

三悅文化

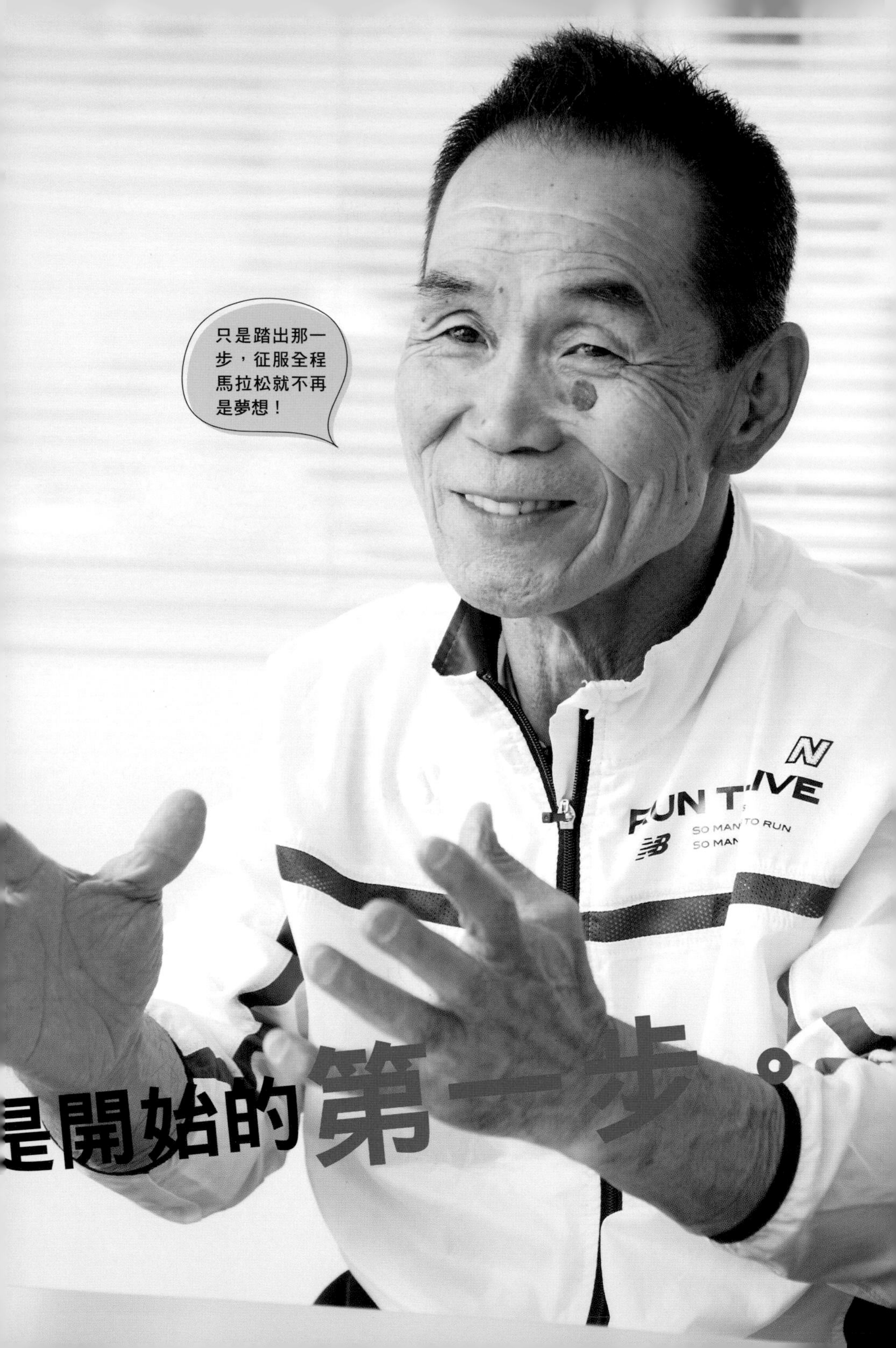
只是踏出那一步，征服全程馬拉松就不再是夢想！

是開始的第一步。

即使是全然的初學者也沒問題，重要的是「想跑步」的心

跑步已經蔚為風潮，逐漸成為一種文化，深根在我們的生活中。

拿起這本書的，恐怕是從以前就對跑步抱持興趣卻無法踏出第一步，躊躇不前的人吧。

我想每個人有各自不同的理由，像是患有代謝症候群、不擅長運動、或是覺得年紀太大……看著在街道上颯爽過的跑者，內心是否想著「自己應該跑不動」而放棄呢？

但是別擔心，你一定可以持續跑下去。即使是之前從來沒有運動過，或是不適合運動的體型，只要擁有「想跑步！」的心就沒有問題。跑步就像人生，「意志所在處，路亦為之敞開」，完跑全程馬拉松絕對不是夢想。

只不過，絕不能在毫無準備的狀況下貿然投入。貿然開始，只會讓身體發出抗議聲，呼吸痛苦，一定維持不了三天。

首先，準備動作很重要。

我引導過為數不少的藝人達成24小時馬拉松，長達二十年以上。

誠如各位所知，挑戰24小時馬拉松的藝人，不一定具備體力、運動神經超群；倒不如說，更多的是身體上存在一些問題，任觀眾一看都會覺得「應該不可能」的人物。

「想要跑步！」

對我來說，有劃時代紀錄的藝人有五名。2001年的研直子（85km完跑）、2007年的萩本欽一（66km完跑）、2010年的春菜愛（85km完跑）、2011年的德光和夫（63km完跑）以及2013年的森三中・大島美幸（88km完跑）。乍看之下，都不是能在盛夏跑整夜的藝人。我一邊煩惱著如何兼顧安全考量，一邊思考指導方法。

跑者中的女性初學者研小姐，當時48歲。在這之前她沒有運動方面的經驗，所以完全不具備跑步所需的肌肉。初次見面那天，為了觀察基本動作而一起慢慢跑，一趟下來，研小姐只跑得動300公尺。

大將（阿欽）66歲。除了高齡之外，也是過著與跑者生活方式反方向的重度吸煙者。一般來說，是絕對不能讓他跑的，但由於本人決心要跑，那就必須採取萬全的準備。

德光先生高齡70歲，是挑戰者中最年長的一位，曾經有因心肌梗塞昏倒而動過手術的經驗。出社會後就再也沒有運動過，而且疑似患有代謝症候群，因此我為他思考了特別的訓練項目。

春菜愛是個叫人搞不清楚是男是女類型的人（笑）。思考一陣子後，我決定把他歸類在「缺乏肌力」的類型。由於本身具有柔軟性，所以將訓練重點放在必要的軀幹強化以及跑步時身體的使用方式上。

大島小姐雖然年紀輕輕，體重卻超標。先將原本88kg的體重減輕20kg，才完成能夠跑步的身體。

完全不擅長這項運動的五人，為何能連續跑上24小時如此長的時間？原因就在於本人的「心情」以及我所指導的「適當的準備」。

因此，本書並非一本教你如何跑步的一般指南書，而是希望專以對自己能力沒有自信的代謝症候

是開始的第一步。

群患者或是運動不足的人為主，做「最初步」的說明。只要做足準備，確實掌握馬拉松的技術，最後自然能跟全程馬拉松畫上等號。

一邊舒服地跑步流汗、一邊改變人生觀

我從30歲時，為了健康因素開始跑步，回過頭再看，早已持續跑了30年以上。邊跑步邊流汗，全身肌肉緊繃，呼吸急促，不管任何時候，那個瞬間是痛苦的。老實說，不管跑了多少年，還是會有疲累的時候。但是，運動後流汗身體很舒服，發汗的暢快感和舒服的脫力感同時包覆全身。

各位是否過著有滿足感的生活？

無論工作上還是私生活，要獲得做自己想做的事的充實感或許很困難。但是跑步的話，只要自己設定單純目標就可以。舉例來說，想跑10 km或全程馬拉松都可以，或是跑個30分鐘也沒關係。結束時會有一種難以言喻的成就感，自信湧現，對生活充滿幹勁。

據說常跑全程馬拉松能改變人生觀，其實這跟距離長短無關。也就是百人百樣，只要擁有目標、揮汗跑步，有30年以上資歷的我敢拍胸脯保證人生觀一定會有所改變。

不過，請勿勉強。勉強只會讓自己感到筋疲力盡，對跑步的觀感變差。老實傾聽身體的聲音，「不加油」正是持續下去的訣竅。

「想要跑步！」

CONTENTS

目次

第一次跑馬拉松就成功！

CONTENTS

目次

第一次跑馬拉松就成功！

Prologue

了解自己的能力

「想跑步！」的心情萌生後，首先要先了解自己。
聽到過全程馬拉松完跑者的經驗談，腦海中就浮現出自己也可以馬上達到那種水準的錯覺，
但是全程馬拉松不是臨時抱佛腳就可以完成目標的。
為了找出適合自己的訓練法，先從了解自己開始吧。

跑步練習從適合自己的方式開始是很重要的。為此，請先掌握自己身體的性質。

了解自己的3個檢視重點

□ 年齡

首先作為了解自己的客觀判斷標準就是年齡。當然存在著個別差異，不過20歲和60歲肌肉或關節的可動區域等差別就很大。假如銀髮族在這之前沒有進行特別的運動時，考慮到生理上的老化來進行鍛鍊身體很重要。

POINT 銀髮族必須考慮到生理上的老化，嚴禁勉強。

□ 體型

掌握身高和體重，也是跑步上的重要因素。跑步時所踏出的腳後跟，必須承受幾乎是體重3倍的壓力。請掌握體重越重，肌肉、關節或韌帶等，要承受越大衝擊的這個要點。

POINT 體重越重，腳部的負擔越大。

□ 運動經歷

不光是年齡、體型，就連到目前為止的運動經歷也是了解自己的重點。即使年紀輕、體態良好，若是缺乏運動經歷，也必須考慮鍛鍊跑步所需的體力、肌力、柔軟度。另外，既往紀錄或老毛病也是必要的判斷要素。

POINT 必須思考本身是否具備跑步所需的體力、肌力、柔軟度。

你是屬於哪一種類型的人？

A 代謝症候群

因運動不足和飲食不當引起的肥胖。

為中高齡者比例最多的類型，你是否屬於「代謝症候群」這一類呢？要減低患成人病的風險，跑步也是有效的減肥方法。在我指導過的德光和夫及搞笑藝人團體「森三中」成員大島美幸，都是屬於此種類型。

B 苗條型

身材苗條卻缺乏肌力

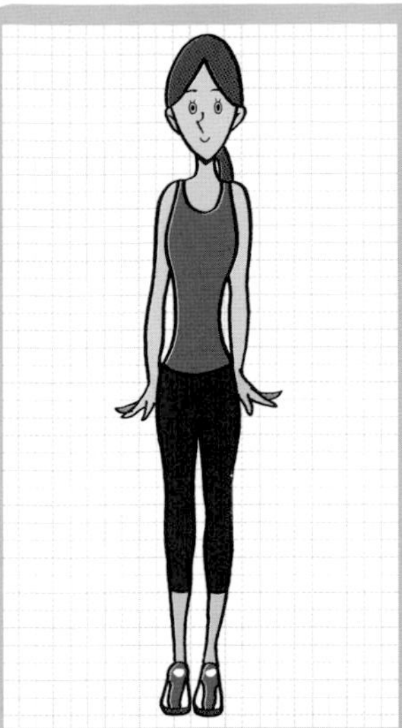

食量小、運動不足，為「苗條」型。基本上這類型體重較輕，似乎比較容易跑，實際上欠缺肌力，不具備跑步所需的體力。我指導過的研直子和春菜愛則是屬於此種類型。

C 銀髮族

如何與老化和平相處 享受跑步的樂趣？

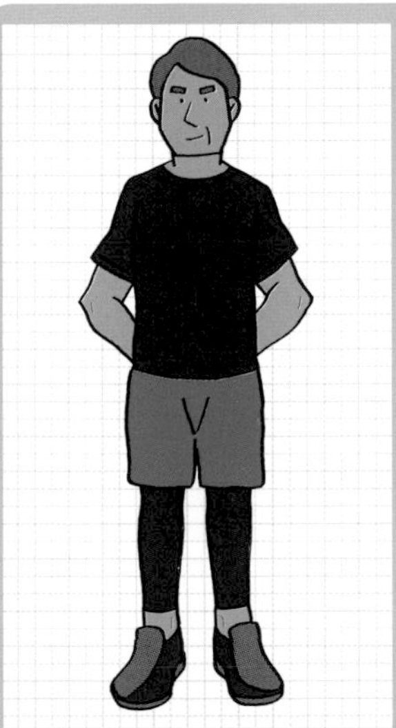

越邁向高齡越無法避免老化，但只要確實做好準備，還是可以繼續跑步。到目前為止，我已指導過丸山和也（當時59歲）、萩本欽一（66歲）、德光和夫（70歲），不勉強為最重要。

D 運動白痴

從以前就對運動完全不行

從年輕的時候就不擅長運動的你，或許沒有自信付諸行動，但跑步不需要具備球技般的運動感，所以不用擔心。挑戰24小時馬拉松的藝人，有超過半數以上是這種類型。

Prologue

了解自己

進行適合自己的有趣練習！

越是初學者越不能馬上開跑
首先製造一個能夠跑的自己

想開始跑步的人容易陷入「馬上就跑」的狀況。

由於幹勁和興奮感，使人一開始想要不斷地跑下去。似乎可以聽見「因為想跑步，所以這樣不是理所當然的嗎？」的聲音，但這個想法是錯誤的。

在此之前沒有從事過像樣運動的初學者，突然跑步的話，身體會怎麼樣？在不清楚自己適合什麼步調的情況下魯莽進行，恐怕跑不到1 km就會出現無力感，覺得呼吸急促，膝蓋等部位開始疼痛。結果，可能第一天就討厭跑步，之後就不想再跑了。

越是初學者，越要從輕鬆、簡單、不痛苦的程度開始。更不用說，如同運動不足的大家分屬於「代謝症候群」「體態苗條」「運動白痴」類型，每個人各自有不同的體質。就一個指導者來看，根據不同的類型，作法當然也會有所改變。24小時跑者們各自性質不同，適合每個人的指導法也因人而異。

因此，希望大家想起我開頭說的那句話。

越是初學者，越不能馬上開跑——

跑步雖然是一門輕鬆的運動，但只要是運動，就會對肌肉和心肺造成負擔。舉例來說，跑步被認為對膝蓋或腳踝造成的壓力是體重的3倍。跑步過程中必須有適當的肌肉，肉體才能夠承受，否則就會發生傷害。因此，為了好好跑步，需要鍛鍊肌肉，減輕體重，增加關節柔軟性。

首先必須了解自己，製造一個能夠跑步的自己，就從適合自己的練習開始吧！

了解自己

不同類型的練習法

各類型的開始共同點就是「走路」不急躁地投入很重要

我想大家都已經了解自己被歸類在哪一種類型，而跑步前該做的，就是每一種類型都必須先經歷的「走路」。後面會再對正確姿勢等做詳細的說明，無論如何，請把「跑步」的行為想成是「走路」的延伸。

之後會配合各種特性列出訓練要點。

舉例來說，如果是「代謝症候群型」，必須具備為了減輕對身體的負擔，包含飲食在內也要減量的觀念；如果是「苗條型」，由於全身肌力不足，所以會選擇以肌力訓練為主軸的選單。我能理解想要快點開始跑步的心情，但請勿急躁投入。開始很重要，這時期的準備，會為日後的跑步帶來良好的開始。

說起來，德光和夫同時屬於「代謝症候群型」和「銀髮族」這兩種類型。雖然本身條件非常嚴苛，不過花幾個月的時間，讓他執行本書指導的準備功夫，成功打造出能夠在盛夏跑步的體魄。希望大家不要忘記，「跑步」前打造「能夠跑步的身體」的必要性。

也適合想減重的人！

A

代謝症候群

飲食控制

一旦體重過重，就會對關節或心臟造成負擔，所以首先請把目標放在藉由飲食控制來減輕體重上。由於與運動並行，所以不做極端的飲食限制也沒有問題。

減輕對身體的負擔

代謝症候群患者貿然跑步容易使關節受傷，所以首先請從走路開始。以輕微出汗的速度，保持正確的姿勢走路。

用心地伸展

運動不足的人，關節大多比較僵硬，即便是走路也會感覺疼痛。總之，請先保持身體柔軟。

POINT 首先藉由走路和飲食減輕重量

- □ 不跑步，以正確的姿勢走路
- □ 做伸展操防止受傷和疼痛
- □ 做好營養管理，藉由飲食減輕重量

也為了強化肌力！

B

苗條型

藉由飲食補充蛋白質等營養

體重輕盈的苗條型，欠缺跑步所需的體力或肌力。運動就會肚子餓，請均衡地攝取各類食物。

持續運動培養體力

瘦癟癟、缺乏體力的狀態，要跑步是有困難的。先從走路培養體力，再轉變成跑步。

確實地鍛鍊肌肉

跑步是比想像中更需要肌肉的運動。尤其是下半身和軀幹要強壯結實，才可以長時間跑步，因此首先必須鍛鍊肌肉。

POINT 藉由肌肉訓練和飲食增強體力

□ 藉由走路來提升體力
□ 為了跑步，要鍛鍊所需的肌肉
□ 飲食以製造肌肉的蛋白質為主

用心維持健康狀況！

C

銀髮族

藉由走路習慣身體

上了年紀後，心肺功能和體力自然會衰退，因此千萬不可貿然跑步。先從走路開始吧。

做萬全的事後護理

邁入高齡後，隔天容易產生運動傷害，為了避免這種情形，練習後的護理很重要。請確實地做好運動後管理。

消除關節的僵硬

運動不足再加上年紀大，關節自然硬化。為了防止受傷以及擴展關節的可動範圍，盡可能每天做伸展運動，保持身體柔軟性。

POINT 肉體的照料為第一優先

- □ 從走路開始慢慢習慣身體
- □ 找回硬化關節的柔軟度
- □ 仔細做事後護理，避免疲勞殘留到隔天其實很適合跑步！

D

運動白痴

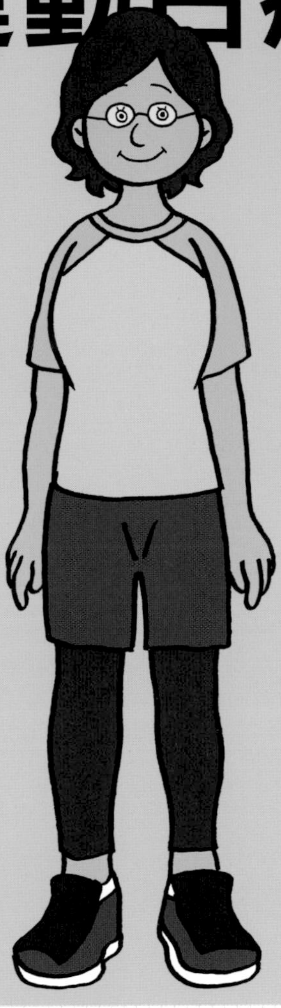

擴展關節的可動範圍

適合很少從事運動的運動白痴做的，就是伸展操。只要能夠擴展可動範圍，就能自然地走路、跑步。

學習正確的姿勢

要能體會跑步的快感，希望做的就是學會正確的姿勢。掌握著地、踏步、手臂擺動及姿勢。

先走看看

跑步是項不同於需要球技等的簡單運動，實際上是很適合運動白痴。先藉由走路找到運動的感覺。

POINT 留意能夠跑步的正確姿勢

- □為了找到運動的感覺，先從走路開始
- □進行伸展運動，避免養成壞習慣
- □跑步時留意姿勢的正確

Part.1

從走路開始

對於平常完全不運動、體力沒有自信的人來說，
「跑步」是項負擔沉重的運動。您是否有過下定決心後就開始跑，
結果出現預期以上的疲勞或身體上的疼痛，以致無法繼續的經驗？
因此，本書提出先學習走路的練習法的提案。
為了打造能夠長時間跑步的身體，請先藉由走路打好基礎！

Part.1

從走路開始

為了「跑步」不跑步！

走路的好處是具有高度安全性
為了不勉強跑步，鞏固好基礎

終於要開始走路了。前面也提到過，無論如何「跑步」都是留到最後。為了實現總有一天要來臨的全程馬拉松，請先掌握正確的走路方式。

從走路切入的好處，最重要的就是高安全性。運動不足的人一旦貿然在柏油路上跑步，突如其來的衝擊，容易對膝關節造成傷害。但是如果是換成走路，不會造成太大的負擔，還能培養腿部肌肉，強化全身整體肌肉。

而且走路對初學者的訓練效果極佳，具有學習跑步基礎技巧的好處。當然還能在不勉強的狀況下，提升心肺功能和持久力。

舉例來說，即使是跑步撐不了五分鐘的人，慢慢走路的話，有可能達成60分鐘的訓練。

如果是類型中的「代謝症候群」，比起短程跑步，長時間走路有氧運動的效果更高，消耗更多卡路里。藉由走路能夠減輕體重，能培養肌力，提升持久力。只要像這樣打下穩固的基礎，之後轉移到跑步的過程也會變得順暢。

一開始往往不具備足夠的體力或肌力，因此，首先必須將意識集中在節奏感上。即使用較小的步伐走路也沒關係，以有節奏地走路做為目標吧。越是初學者，越容易無謂的使力，失去節奏感。總之放鬆身體，用邊看風景邊走路的步調就好。另外，稍微加快速度，可以促進排汗，對跑步的期待也會提高。

挑選跑鞋的重點

重點在於雙腳的保護和舒適性 請洽詢專業店員

鞋子對跑步的人來說，可說是最重要的配備，這一點在走路上也是一樣。初學者穿鞋子應該注意的重點，以保護雙腳為優先，其次是行走時的穩定性。也就是說，如何確保行走時的安全和穩定性，就成了挑選鞋子的重點。再來則是穿上鞋子後最重要的舒適性。無論多麼高性能的鞋子，只要不合腳，就有可能發生指甲長肉刺等毛病。

初學者請到運動鞋專門店，和店員一邊討論一邊挑選鞋子。當下測量「足長」和「腳圍」，計算出適合的尺寸。此外，鞋子不只有長度的尺寸，也有顯示寬度的尺寸，像日本女性平均尺寸是「D」，男性平均尺寸是「2E」。如果穿上該尺寸後覺得有點緊，女性可以試穿「E」或「2E」，男性則可以試穿「3E」或「4E」看看。何時該換新鞋，基本上是依據使用的距離，頻率大概是每星期跑3次，大約3～4個月換一次。

挑選鞋款的條件

POINT 1 足長

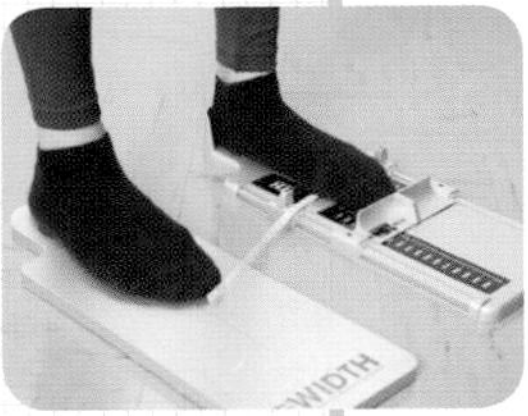

所謂足長，是指從腳尖到腳跟的長度。測量尺寸時，以身體挺直、看向前方的姿勢將腳跟置於測量器上。幾乎沒有人是左右腳相等，所以請仔細地測量。

POINT 2 腳圍

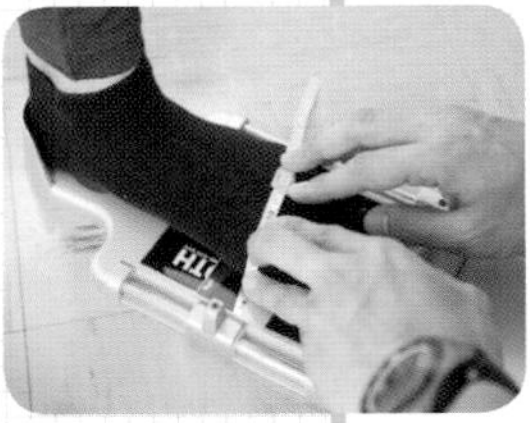

腳圍是指測量腳拇指根部最突出部位到小腳趾根部最突出的周圍長度。腳的形狀形形色色，有窄有寬，有足背高、足背低等等，想要買到適合的鞋子，也需要測量腳圍。

POINT 3 挑選大上0.5～1cm的鞋子

量完足長和腳圍後，大部份的人通常會挑選比平常穿的鞋大上0.5～1cm的鞋子。跑步會彎曲膝蓋，動到腳踝，所以需要寬鬆一點的尺寸。

鞋子的穿法

1 調整腳跟

把腳穿進鞋子內後輕敲地面，確保後腳跟沒有太大的空隙。

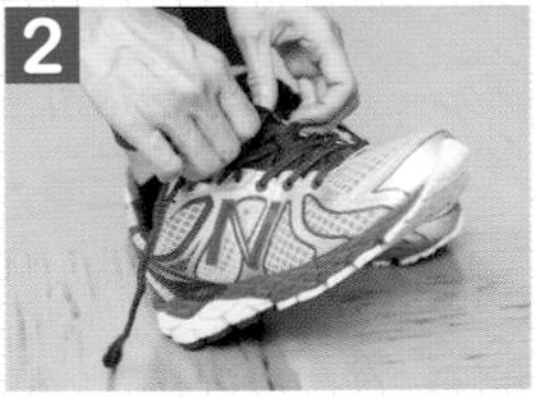

2 直接綁上鞋帶

綁好鞋帶，讓腳固定在鞋子裡不會移動。請勿偷懶不解開鞋帶就直接脫鞋子。

3 確認舒適感

呈現腳踝部分有支撐力，腳趾可以活動的狀態。注意鞋子太緊會引發血液循環不良。

何謂適合初學者的跑鞋

後跟鞋套

包裹整個腳跟的後跟鞋套，一旦形狀不合，就無法滿意地活動。請確實地加以試穿。

鞋跟

裹住鞋子內裡的鞋底，吸收衝擊功能最高的部分。可從走路的方式，得知鞋底磨損的部位偏向內側或外側，以及平時的習慣。

大約金額

8,500日圓～12,000日圓

差不多落在這樣的價位就沒問題。要注意太過便宜的商品。

確實固定好腳跟

鞋帶的綁法

在此要向大家介紹的是名叫「雙鞋眼孔」的綁法，這是提供腳跟最大緊貼感的做法。藉由確實固定腳跟，讓腳不會往前滑，使腳拇指頂到鞋子也不會痛。

1

將鞋帶穿過外側的洞

平常綁鞋帶（孔）的外側還會有另外一個鞋孔，請加以確認。

鞋尖

穿上鞋子的時候要有6～7mm的寬度。這部分使用了在起跳時很重要，對地面具有反作用力的質材。

鞋面

鞋面主要使用透氣性佳的材質以供散熱。非常輕薄又具有彈性與韌性。

鞋墊

可做拆除。只要使用符合腳掌心形狀的鞋墊，就能減輕足部的「彎曲」，較不容易疲勞。

鞋底

接觸地面的鞋底皮，內側則是中底。適當的彎曲性，讓跑步變得輕鬆。

4

確保穩定性

照道理說腳跟的緊貼感會比一般的綁法更緊密。請腳跟經常脫落的人嘗試看看。

3

交叉 將鞋帶穿過

將相反側的鞋帶前端一邊交叉一邊穿過圓圈。接著用力綁緊，打結就OK了。

2

穿過鞋帶拉出圓圈

像圖示一樣，將鞋帶穿過鞋孔後拉出圓圈。圓圈不用太大，足夠讓鞋帶穿過的大小就可以。

挑選服裝的重點

穿著吸濕排汗速乾性的服裝
也別忘了準備帽子

最近各家廠商紛紛推出既時尚又具機能性的跑步服，形成巨大的市場。相信有許多人即使去了運動用品店，卻因為種類過多而不知從何買起吧!?就算開始跑步的目的是為了維持健康或挑戰馬拉松，但再怎麼說也都是為了興趣，所以不妨穿上自己喜好的衣服來提昇樂趣。挑選服裝也是提高幹勁的一環。

基本上，只要開始跑步體溫就會上升、流汗，因此我推薦穿著能夠吸汗的纖維材質，尤其偏好快速變乾的纖維，也就是選擇吸濕排汗速乾性的服裝。由於跑步是在戶外進行，所以會受到外在環境所影響。冷的時候穿上風衣等上衣，熱的時候就脫掉。因此，以輕量、可收進包包的產品為佳。

再則，我認為穿戴配備中最重要的就是帽子。初學者容易陷入的中暑或脫水症，發生情況會因為帽子的有無而有所不同。在雨天也有助於確保視野，所以請務必事先準備。

挑選服裝的條件

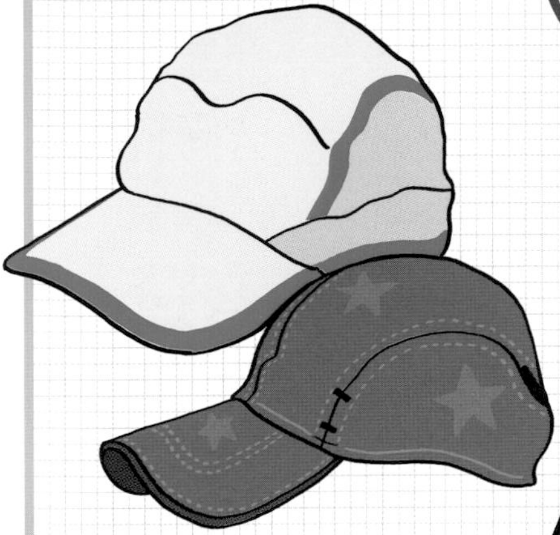

帽子

請不分季節地戴上帽子

頭部一旦受日光直接曝曬，體溫升高，衝勁會越來越低。相反地，頭部一旦受寒，身體也會感覺到冷意，所以請不分季節地戴上帽子。

風衣

準備輕量型的衣物

秋冬季節開始跑步會感覺寒冷，所以請穿上風衣。身體動一動就會流汗，脫下後繫在腰上，等後半段衝勁低落，體溫下降時再穿上。

機能性服裝

初學者更應該加以利用

吸濕排汗速乾性當然是服裝應該具備的舒適性。試穿時，動動手臂，彎曲一下身體，若覺得緊繃就不適合你的身型。請選擇即使活動身體，也感覺寬鬆舒適的尺寸。

Part.1

走路方式的重點

背挺直，縮下巴，意識到身體舒服地往前傾。上半身不要左右搖晃，整體上下擺動幅度小。
上半身放鬆，走路同時手肘彎曲成90度，流暢地帶動腳部移動。
Walking

用正確的姿勢走路很重要

藉由走路掌握跑步的基本姿勢，達到某種程度後再轉變成慢跑。

走路的運動量不大，所以除了肉體上較輕鬆，思想上當然也比較安定。所以請留意經常將意識集中在姿勢上。

首先上半身保持靜止不動，輕柔著地，流暢地轉動腳底，再將腳尖踢出去。請以像是抓住地面的感覺，輕鬆地走路。

只要將意識集中在姿勢上，以某種程度的速度走路，走路也可以是出色的運動。為了以正確的姿勢跑步，請掌握正確的走路姿勢。按照自己的步調就好，輕快有節奏地走路吧。

腳跟著地後不要轉動腳踝，使身體順勢向前移動，有節奏地將腳尖踢出去。
放鬆膝下，將意識集中於腿部，把腿筆直伸向前。膝蓋伸直，從腳跟確實著地。

將意識集中在這裡！

POINT 1 站立時，背要挺直，縮下巴。

POINT 2 視線看著水平線正前方。

POINT 3 伸直膝蓋，從腳跟著地。

手臂的擺動方式

側面

將手肘往後擺動

將手肘彎曲成90度向後擺動，並利用肩膀保持節奏。擺動時，請注意肩膀不要前後轉動。上半身活動的部位只有手臂，因此，只要放輕鬆，上半身就不會出力。

正面

保持節奏

不論是走路或是跑步，都需要擺動雙臂以保持上半身和下半身的平衡。此外，藉由確實擺動手臂能使動作產生韻律感。手臂不要過度張開或夾緊，請在適當的位置自然擺動。

擺動手臂是使雙腳跨步前進的重要推進力。除了保持節奏外，累的時候如果可以確實擺動手臂，雙腳就會自動地往前踏出去。將意識集中在與下半身的帶動上，有節奏地擺動手臂吧。

NG 避免手在體前交叉

擺動時嚴禁在身體前方交叉，將手臂往斜後方帶動。擺動手臂是為了在走路或跑步時產生必要的推進力，若交叉手臂，力量會變成不是往前，而是變成往上或往下分散。

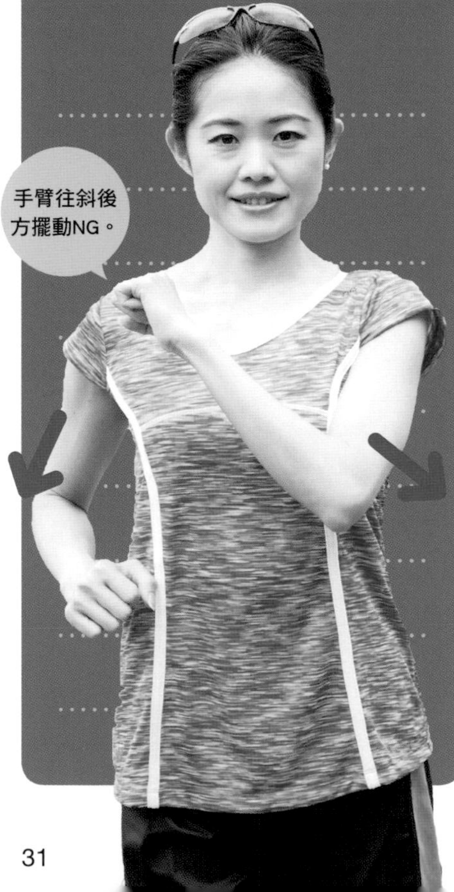

背面

將意識集中在肩胛骨上

手臂擺動時，也請將意識集中在肩胛骨上。感覺左右肩胛骨舒服地往內靠近，這麼一來，胸骨會自然向外擴張，呼吸也會變得輕鬆。另外，肩胛骨一旦確實地向內靠攏，會連帶骨盤，促使雙腳往前踏。

先一週3次，每次30分鐘！

為了有效獲得運動效果以中間休息兩天的頻率刺激肌肉

我常收到來自初學者「走路或跑步頻率多少才適當？」這方面的諮詢。

從結論來說，請一週三次，每次進行30分鐘。每週一至二次也可以，但是那樣的話，無法得到太好的運動效果。人體是只要對心肺這樣的循環器官，以及肌肉給予負荷或刺激，就能獲得強化的構造。不過，只要三天不施加壓力，就會恢復到原本的狀態。所以，由於不希望隔三天以上，那就每週進行三天。舉例來說，在假日的星期六和星期天兩天當中運動，下次運動就是星期三。如此一來，保持中間休息兩天以下，就能有效地運動。

運動時間每次最少30分鐘。只要確實走路，就會大量流汗。德光和夫、森三中的大島美幸都有確實做到這點，體重獲得減輕，打造成可以挑戰跑步的身體。若跑完30分鐘不太有疲累感，請延長15分鐘。如果沒時間，可以做些利用斜坡增加負荷等功夫。

製造能夠跑步身體的第一步

走路的重點

□ 用正確姿勢走路

將意識集中於到目前為止說明的姿勢上。不只是腳，藉由意識集中於手臂的擺動或全身肌肉上，除了保持優美的姿勢，還能輕鬆走路。

□ 請保持走路時的節奏

走路時請以自己的步調，維持一定的節奏。這麼一來，便不容易感到疲勞，可長時間地走路。

□ 用一步的步伐走路

由於步伐大小有個別差異，所以用自己容易行走、自然的步伐走路。和節奏一樣，步伐參差不一是造成疲勞的原因。

習慣之後…

□ 保持6～7km/h的速度

試著將意識集中於比平時更快的速度上，試著行走一定的時間。通勤或在街道上行走時的速度，據說一般是3.5～4km/h，請將速度加快。

□ 把時間延長至足以揮汗的程度

不到出汗程度，運動效果不高，所以習慣走路後，請將時間延長。或是調整服裝促進排汗也可以。

□ 在最後的1分～1分半鐘加速

前面一再提過，走路是跑步的延伸。請藉由練習的最後一分鐘加快速度，提高對跑步的意識。

Runnig column

慢跑是改善生活的良藥 藉由跑步提升自我管理能力

近年來，包括東京馬拉松在內，數萬人規模的城市型馬拉松賽陸續誕生。我想應該有許多初學者打著「自己有一天也要參加」的計劃吧。

日本慢跑黎明期在1970年代前半期，隨著美國人的商業活動帶入日本。1960年代後半的美國人，過著脂肪含量高的飲食生活，所以肥胖的人很多，導致糖尿病或高血壓等成人病的增加，成為社會問題。

於是在紐約商人之間興起了「無法做好自我管理的人，就無法做好工作管理」的風潮，於是嘗試慢跑以維持良好健康狀態的人們開始增加。

這些商人到日本出差時，大多從駐留飯店較多的大手町或溜池開始，在附近的皇居周圍跑步。看到外國人熱衷跑步的模樣，日本人當中也有出現「自己也來試試看」想法的人，雖然緩慢，但慢跑已開始滲透到日本。我也是在這個時候開始跑步。

說到當時的日本人對跑步的認知，還停留在奧林匹克的馬拉松或田徑比賽這樣「純為欣賞的運動」。但是美國人帶進來的慢跑運動，或許是符合做事努力不懈的日本人，慢跑愛好者大幅增加，如今以「投入其中的運動」之最，超越風潮成長為文化。

如同作為發端的美國商人所提倡的，慢跑適合自我管理。可不在意地點、時間或金錢輕鬆實行，經由「跑步」這個目的，讓生活行程自動變得有計劃性。

舉例來說，只要設定好「想跑步」的明確目標，人就會不可思議地變得比想像中自制。我的周遭有為數不少的人，在感受到慢跑的魅力後，使原本的生活方式為之一變。

已經退休的銀髮族，一旦有了時間，生活反而容易怠惰。慢跑除了可以改變健康狀態之外，也為了有效運用24小時，務必挑戰一下慢跑，保證生活一定會帶來改變。

Part.2

從走路邁向「跑步」

習慣走路後，終於要邁向「跑步」。
話雖如此，並不需要像頂尖跑者一樣快速跑步。
重要的是，即使緩慢仍保持一定的速度長時間跑下去。
跑步的姿勢就是以走路時的姿勢為基本。
如果能持續走路，就奠定了持續跑步的基礎。

走路和跑步有什麼不同？

一旦加快走路速度，跑起來反而更輕鬆

習慣以正確的姿勢走路後，這次換成慢慢地加快速度。

分成三個階段切換速度。舉例來說，一般走路稱為「步行」的話，以稍微加快速度的方式行走就叫做「健走」。加快步行速度的同時，若不增加手臂擺動的幅度及速度，上半身和下半身就會失去平衡，所以請留意這一點。再加快速度就叫做「急走」，雖然不到田徑比賽「競走」的程度，卻已經是以相當快的速度在行走。

分成「步行」「健走」「急走」階段性地提升速度，加強手臂擺動，提升一分鐘以內的步數，也就是逐漸提高速度進行練習。

來到這個階段的話，距離慢跑就只差一步了。

一旦將速度提升到「急走」，應該就會在平衡感上察覺到跑步比走路輕鬆的重點。那正是「走路」和「跑步」的視界線。若用一句話來形容兩者的差別，就是雙腳有無離開地面的瞬間。

進一步來說，兩者在膝蓋的使用方式、著地及蹬踏的方式也不同。首先，請先自己體驗從「走路」到「跑步」的那一瞬間。

跑步

身體離開地面的狀態

一旦以急走的狀態加快速度，為了保持上半身和下半身的平衡，跑步比較輕鬆的瞬間到來。用著地的腳蹬踏，也就是藉由加入「踢」的動作，產生推進力，身體呈現離開地面的狀態。

走路

經常是單腳著地的狀態

一旦加快走路的速度，手臂擺動的幅度會變大，步伐變寬，動作會變快。但是走路就只是膝蓋打直，從腳跟著地，任何時候都必須要有一隻腳接觸地面。

健走

手臂自然地垂放在身體兩側，前後擺動。

急走

手肘彎成90度往後擺動。

慢跑

由於腳是自然地跨出去，所以有節奏地起跑。
從走路變換成稍微前傾的姿勢。

以舒服的快步自然行走

「健走」的速度大約是6～7km/h。以這個速度走上一小時，就可以達到很棒的運動水準。據說可藉此消耗3百大卡熱量，並不是負荷重的運動，所以很適合初學者。首先，請先藉由這個練習習慣走路。

步伐不加大，維持平時走路的步伐。

將意識集中在身體的平衡上走路

進一步加快「健走」的速度，就變成「急走」。速度加快，動作當然也會跟著變快，所以必須自然且大幅度地擺動手臂。若不這樣，上半身和下半身就會不平衡。來到這個地步，距離慢跑就差一步。

步伐加大，膝蓋打直，從腳跟著地。

運用走路的感覺

習慣走路後，終於要邁入跑步。從健走→急走看準時機，將重心往前移，調整成上半身前傾姿勢。然後同時把腳自然地跨出去，就變成慢跑。為了將走路所學習到的技巧帶入跑步，請步行一陣子後再開始。

手臂擺動的方式和急走一樣，將手肘往後擺動。

跑步方式重點

保持一定的姿勢跑步

視線往正前方

視線固定後，姿勢就能穩定下來。考慮到上半身前傾的情形，大致望向30m～40m前方為最佳。一旦加深前傾的角度，會對腰部周邊造成負擔，要注意。

請保持平衡

跑步時，上半身挺直後傾，容易因為重心的移動而失去平衡。需要鍛鍊腹肌和背肌，以保持穩定的平衡。

利用跑在直線上的感覺

不習慣跑步時會很快累積疲勞，姿勢容易崩解。在這種情形下，可利用馬路上的白線等記號，跑成一直線，身體不容易傾斜，姿勢就能獲得調整。

藉由每天練跑打造自己的姿勢

在此將介紹跑步的要點，在姿勢方面，請想著前面說明過的「跑步是走路的延伸」。透過體力上行有餘力的走路，果真能夠意識到「哪裡的肌肉被使用到？」。

訓練進階到慢跑階段，一旦跑了20～30分鐘，即可從肌肉的收縮或特定部位的疲勞感了解自己的特徵。舉例來說，如果上半身無法保持姿勢，那就表示腹肌和背肌的力量不足。知道弱點後，只要加以強化、克服就沒問題。我認為並不需要參考教科書

「走路」是「跑步」的延伸，當然細部上有些差異。
像是上半身和下半身的平衡、以及從著地到蹬踏的連動。
請找出自己最能輕鬆跑步的姿勢，並加以練習。

著地和蹬踏

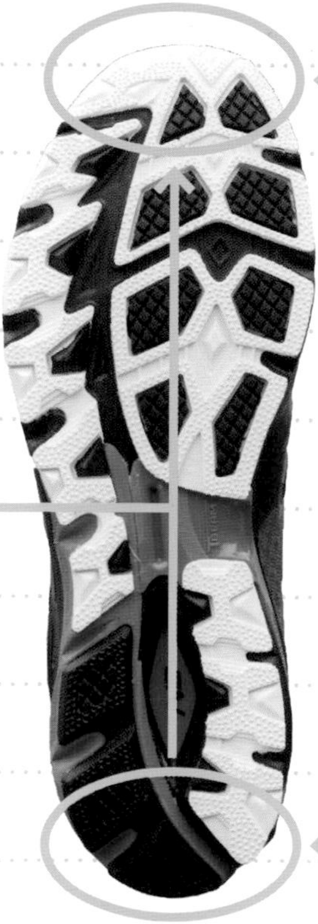

以腳尖推蹬地面

跑步和走路最大的差異點，在於「蹬踏」這個動作。若能利用腳拇趾附近確實推蹬，即可產生推進力。這時，腳尖要直直地朝向前進的方向。

利用腳底板吸收衝擊

用可以意識到的力道以腳跟著地，會在腳關節積存傷害。著地時讓腳部放鬆，利用腳底板吸收衝擊力。

用腳跟著地

以像是抓住地面一樣用腳尖附近著地，就像在踩煞車一樣。將意識集中於腳跟先著地，再將身體重心流暢地移到腳尖。

上的姿勢，比起這個，初學者主動了解身體的使用方式或弱點更為重要。至少是藉由走路打下的基礎，所以不至於錯得太離譜。

從長遠來看，最好藉由跑步克服弱點，建立自己特有的姿勢。連萩本欽一在擺動手臂方面，也不是教科書上所教的。只因為那樣比較容易跑，自然成為個人風格，我覺得並沒有問題。

慢跑和跑步的不同

慢跑是輕鬆的跑步，跑步則是動態性運動

用一句話來形容慢跑和跑步的差異，那就是「運動強度」的不同。

就像走路和慢跑的手法、姿勢不同一樣，慢跑和跑步也有階段性的差異。

舉例來說，跑步姿勢是運用腿部肌力的動態運動，所以膝蓋會抬得比較高。也就是說，雙腳離開地面停留在空中的時間較長，設定注意速度的比賽或目標時間，即構成跑步的姿勢。

另一方面，慢跑姿勢基本上以輕鬆為主。採用減少肌肉負擔的小跑步方式，膝蓋抬高幅度較小。這是藉由減少能量消耗、雙腳停留在空中時間的輕鬆跑法，類似「將身體往前帶」的概念。

初學者應該熟練的，當然是慢跑的姿勢。讓全身放輕鬆，跨步時不要太用力，保持腰部水平移動。膝蓋不要抬得太高，以一步一步踏下去的感覺著地。首先，不要將意識集中在速度上，請先學會能夠長距離慢跑的姿勢。

Part.2

從「走路」邁向「跑步」

打造能夠跑步的心肺法

從走路開始慢慢轉變成慢跑。以不喘氣的速度跑步。
開始！

全速跑完最後的1～1分半

對於剛開始慢跑的初學者，把走路一併帶入會比較有成效。從走路切入，以不喘氣的程度繼續慢跑。只是，初學者容易因為經驗不足，無法掌控步調，出現筋疲力盡，進而造成姿勢混亂，讓疲勞延續到隔天的不良影響。因此，在感覺疲勞時，請毫不猶

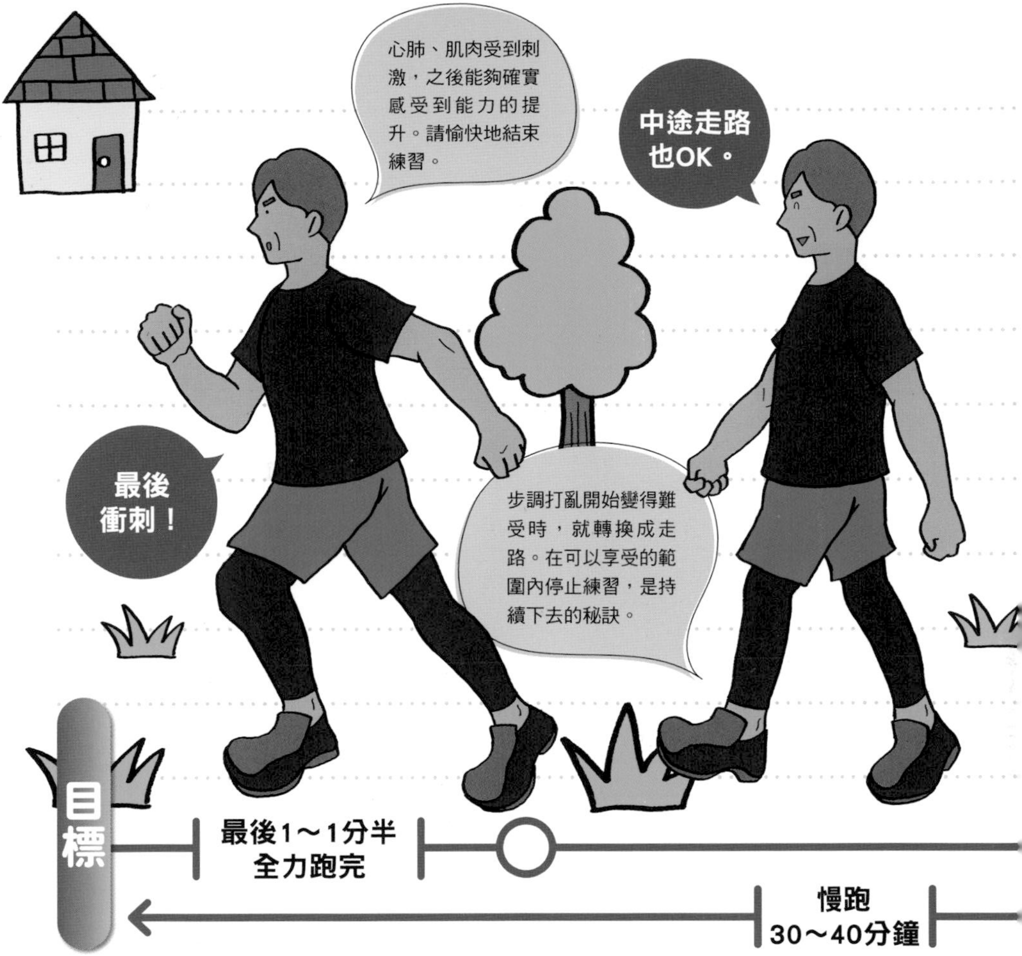
心肺、肌肉受到刺激，之後能夠確實感受到能力的提升。請愉快地結束練習。
中途走路也OK。
最後衝刺！
步調打亂開始變得難受時，就轉換成走路。在可以享受的範圍內停止練習，是持續下去的秘訣。
目標
最後1～1分半全力跑完
慢跑30～40分鐘

豫地切換成走路。藉由走路維持體力，可以讓肌肉獲得休息。等到體力恢復之後，再繼續慢跑也沒關係。

另外，考慮到初學者才會有的「既然要做，就想提升能力」的心情，假如有多餘的力氣，請全速跑完最後的1至1分半鐘來結束練習。這麼一來，心肺功能以及為了跑步的肌肉受到刺激，可確實提升跑步能力。再則，與其冗長地結束練習，稍微加重程度，還可獲得「今天也成功辦到了！」這個精神上的成就感。

輕量準備動作的練習

盡可能讓每天持續跑步前的暖身動作變成習慣

慢跑前務必要做暖身運動。尤其是初學者，由於長年的運動不足，造成關節僵硬，可動範圍窄小。在沒有做好準備動作或伸展運動就開始跑步，會對關節造成負擔，產生疼痛或運動傷害。這麼一來，難得想跑跑看的心情被潑冷水，最後失去對跑步的興趣。

另外，暖身運動或伸展操不只預防受傷，還能藉由讓關節及肌肉擁有柔軟性，容易養成正確姿勢，以及打造成不容易疲勞的身體。

基本上，我會請初學者同時也是運動不足的24小時跑者，徹底執行暖身運動與伸展操。既使是不跑步的日子，也要每天做伸展運動。藉由每天的努力讓關節和肌肉變柔軟，達成更好的表現。所以，不只是在跑步前，請大家務必讓這個動作變成習慣。

再則，做伸展操時，我不是以「秒」而是以「呼吸」來稱呼時間單位。請憑著自己的感覺，慢慢地數「1、2、3」即可。

柔軟度也會提升

大腿後側的伸展

雙腿交叉站立，利用身體重心慢慢的往下壓，將身體前彎，靜止不動。前後腳互換，兩腳都要操作。

左右各20個呼吸

一邊感受大腿後側正在拉伸，一邊數到20。
對這裡有效果。

確實保持這個姿勢

身體兩側的伸展

呈站立狀態，手臂繞過頭頂，
不要增加反作用力，以慢慢伸展身體兩側的
肌肉地讓上半身往側邊倒。

左右各20個呼吸

對這裡
有效果。
一邊將意識集中
在上半身側面的
肌肉，一邊數到
20。

伸展過程中手肘打直不彎曲

手臂根部的伸展

一隻手臂往前伸直，用另外一隻手
固定於手肘處，然後將手肘往身體靠。
可伸展肩關節周邊和手臂外側的肌肉。

左右各20個呼吸

挺直背部！

大腿前後側的伸展

雙腳盡可能地前後分開，上半身往下壓，將意識集中在後腳大腿前後肌肉的伸展。

左右各20個呼吸

必須預防受傷

阿基里斯腱的伸展

雙腳前後拉開，慢慢地將上半身往下壓，伸展後腿的小腿肌肉與阿基里斯腱。

左右各20個呼吸

不要增加反作用力，腳跟盡可能貼住地面。
對這裡有效果。

身邊如果有電線杆或護欄，雙手扶在上面支撐，有助於伸展阿基里斯腱。

提高腳踝的柔軟性

腳踝的伸展

雙腳腳踝靠攏的狀態下，
腳跟著地，在可能的範圍內
盡量往前彎。

20個呼吸

身體較僵硬的人，半蹲也OK。

NG

腳跟不離地

腳跟離地腳踝無法變得柔軟。反而會對腰部造成負擔，必須注意。

希望跑步中也能保養

手腕、踝關節的伸展

腳尖點地，轉動腳踝，放鬆肌肉。同時兩邊肩膀也跟著一起轉動。大幅度地緩慢畫圈圈。

左右各20個呼吸

以放鬆而增加可動區域的感覺，讓關節變得柔軟。

跑步後的養護很重要

運動後的伸展對舒適跑步生活來說是不可欠缺的

為了照護使用過的部位，跑步後務必要做伸展運動。尚未習慣跑步的初學者，造成損傷在身體蓄積的情形比想像中多。在我的認知裡，練習後的伸展運動就某種意義來說，比跑步更重要。要說為什麼，因為事後養護的目的是為了修復損傷的肌肉以及消除肌肉疲勞。為了不讓疲勞累積到隔天，把好的感覺留到下一次的練習，是重要且不可或缺的一環。雖然是乏味且容易偷懶的作業，若能確實做到的話，可預防受傷，提高跑步的能力，所以請好好地做不要嫌麻煩。

原本跑步完畢，冰敷運動過的部位（參考P82），在伸展操之後入浴，然後按摩是最好的程序。不過市民跑者很難做到這種地步，所以在此介紹一個人也能進行的伸展操。

只要簡單幾組伸展動作，就能促進因運動而硬化的肌肉血液循環，加速肌肉的修護。另外，也具有放鬆身心的效果，所以率先做做看吧。

可擴大髖關節的可動區域

腰部及臀部的伸展

臉部和視線盡可能朝向後方。
伸展到極限後稍作停留，切勿過度用力。

左右各20個呼吸

坐姿，右腳屈膝跨過左腿。左手壓著右腳膝蓋慢慢做伸展。另一邊以同樣方式操作。

背部是重點

大腿內側的伸展

一旦挺直背部，就會連帶伸展到大臀筋和大腿內側。

左右各20個呼吸

從盤腿坐姿開始，將右腿跨過左腿屈膝，慢慢拉向胸口。右腳腳底最好貼近地面，只是掛在左腳上也OK。換腳重複同樣的動作。

伸展股四頭肌

大腿前側的伸展

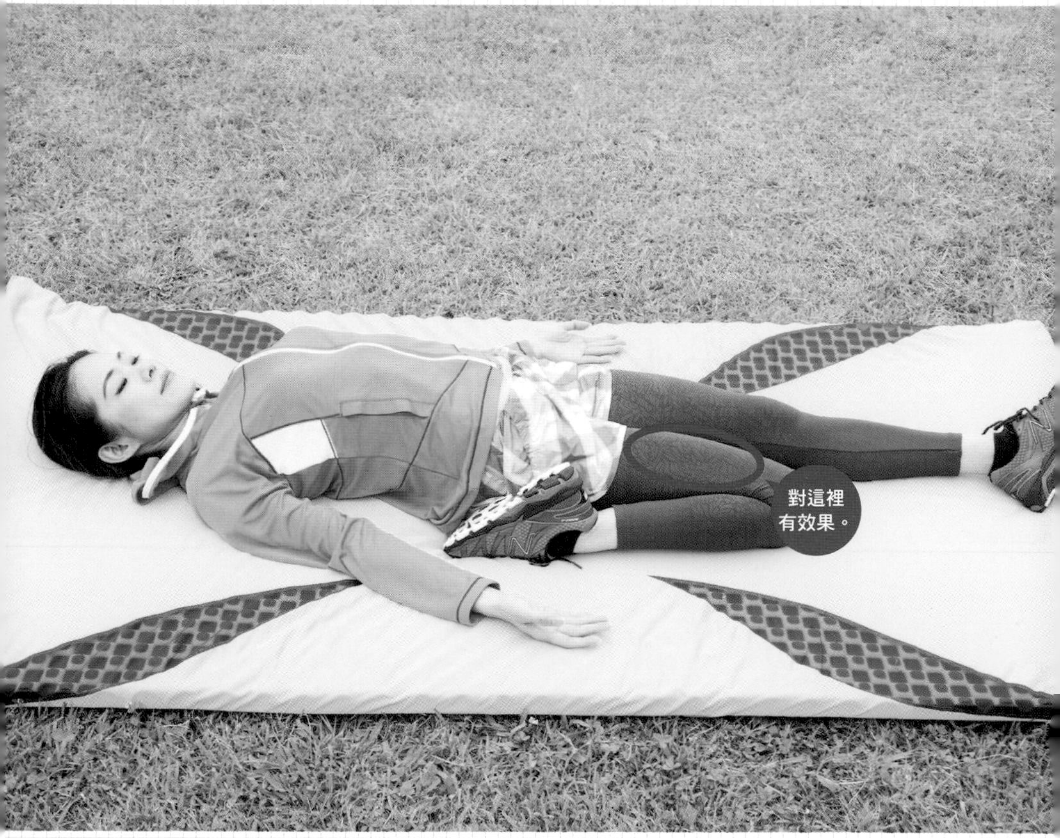

雙腿叉開時會運用到的肌肉，所以要好好操作。

左右各20個呼吸

平躺於地面，一腳彎曲，腳跟置於臀部旁。身體較僵硬的人，可加入雙手手肘直立撐起上半身等動作，切勿勉強，量力操作。

順暢地擴大可動區域

股關節的伸展①

**將意識集中於骨盤，保持直立，
臉部確實地看向正面。**

左右各20個呼吸

兩腿伸直坐於地面，將任意一邊的腳踝向上抱起靠近胸口。此時注意背部要挺直。對伸展臀部的肌肉也有效果。

也有助於恢復疲勞

股關節的伸展②

將意識集中於腰部附近，振奮精神會更有效果

20個呼吸

屈膝盤坐。兩腳掌相對，雙手把腳靠近，背部用力挺直。膝蓋盡量向地板靠近。

柔軟度是跑步的重點

股關節的伸展③

不只股關節，
也能伸展伸直腿部的內側

左右各20個呼吸

坐姿，右腿伸直，左腿靠近身體，雙手抓住右腳的腳尖。注意右腿的膝蓋不可彎曲。換邊，重複同樣的動作。

跑步用的裝備

萬用包或背包是必需品 GPS手錶是練習的好朋友

現在市面上除了跑鞋、服裝以外，還販售許多專為跑者設計的實用裝備。

在平時的練習或比賽中，最重要的工具莫過於腰包。買飲料的零錢、手機、面紙或攜帶食物等跑步必需品，幾乎都可以收納進去。專為跑者研發設計的商品，全都既輕巧又耐用。另外，還使用了快乾性的纖維材質，就算被汗水弄濕也沒關係。

另外，長距離跑步或在旅途中跑步的特別時候，腰包的容量有限，所以最好準備一個背包。跑者專用的登山背包除了輕量之外，確實固定於身體的設計，讓雜物在背包裡不會前後左右晃動，不會妨礙跑步過程動作的流暢。

以及最近頗受歡迎的GPS跑步專用手錶。除了可以測量跑步里程及圈數，另外還具有GPS功能，所以能夠知道自己跑到什麼地方，對於初次造訪的地方很便利。由於可將手錶接上USB傳輸線與電腦連接管理資料，所以能一邊保持幹勁，一邊有效率的練習。

跑步用的裝備

登山包

選擇穩定性較好的

長距離跑步或在旅途中使用、防風裝備等根據情形靈活運用的衣類收納都很方便。行李晃動會妨礙跑步，所以最好使用符合體型，穩定性高的背包。

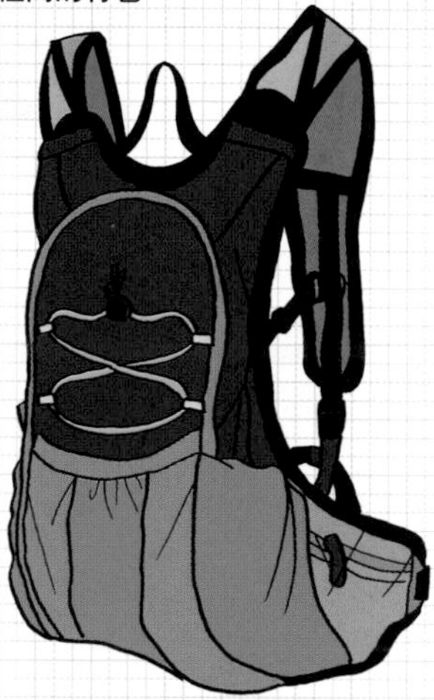

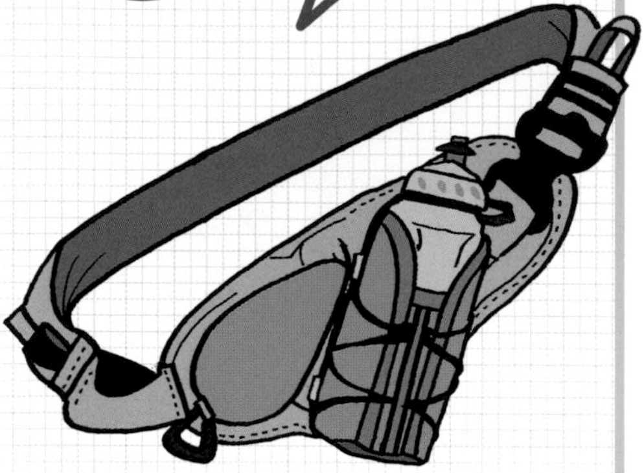

腰包

依據不同的用途有各種不同的種類

可收納跑步最低限度的必需品。有的可以放入水壺、有的只能放些零錢等小型物件，依據使用者的目的，分成各式各樣的類型。

跑步手錶

購買有GPS功能的手錶

雖然可以購買能測量跑步里程及圈數的舊式產品，不過最近具有GPS功能的跑步手錶很受歡迎。只要使用心率監視器（偵測心跳），就能取得自身更詳細的資料。

零錢

以備不時之需

除了買飲料之外，跑到筋疲力盡或是發生意想不到的事而受傷，必須搭乘巴士或電車等交通工具時，最好事先準備一些零錢。

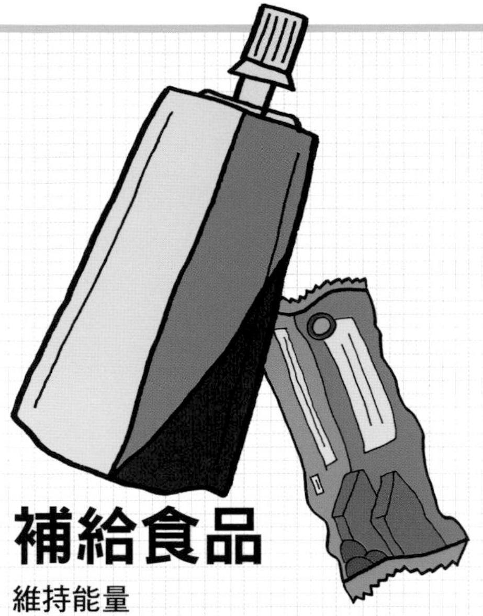

補給食品

維持能量

對於長距離跑步時的營養補給，或是跑到或許沒有便利商店的地方時，可以事先準備一些營養補給品。有果膠、營養棒，以及檸檬酸和BCAA（支鏈胺肌酸）等，請依據需要做選擇。

水壺

預防中暑、脫水症狀

跑步途中沒買飲料的人，為了避免脫水等症狀發生，請自行準備水壺。以放置於萬用包或背包裡為最佳，也有手持型的產品。

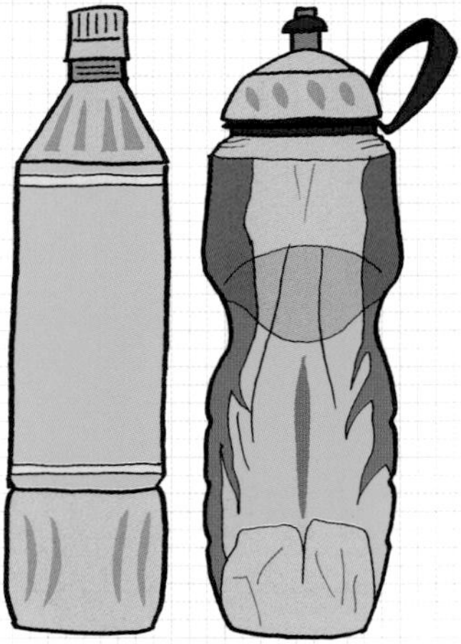

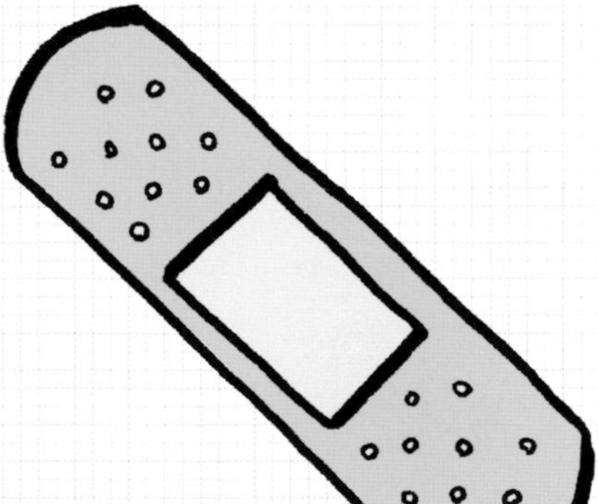

OK繃

可對受傷等做緊急處理

可在意外受傷時使用。像是在跌倒擦傷時的止血、水泡的緊急處理，甚至保護鞋子內頂到腳的部分等等。多準備幾種大小不同的尺寸會更方便。

手機

可用APP管理資料

手機是現代人時時不離身的必需品。除了確認現場的地圖APP以外，只要下載安裝跑步專用APP，還可管理跑步資料。請留意因流汗受潮而故障。

Runnig column

從24小時馬拉松了解到「心情」的重要性

要戰勝跑步時的痛苦或肉體上的損傷，「心情」果然很重要。我和24小時跑者一起路跑，藝人跑一天一夜不是一般的艱苦。我要照顧跑者的心情，不時地替他們加油打氣。

比賽開始後，由於行有餘力，跑者的表情也很柔和。這時為了保存體力，我會提醒大家「慢慢跑」，把跑者從衝刺的心拉回來。然後到了夜間，逐漸露出疲態。四周一片昏暗，目的地還在遙遠的那一方。察覺到低迷的情緒，我會聊些興趣或工作上的話題跟大家打哈哈，有時跑者們也會跟我商量在業界的一些煩惱。如此下來，跑者對同伴的我有親近感，除了練習時以外，也逐漸對我產生信賴感。

天亮後會感到一陣睡意襲來。從這裡開始的六個小時，對跑者是嚴峻的時段，所以請在休息處細心按摩，徹底地照料身體。再來則是最後的30公里，對肉體和精神都是最為辛苦的狀況。這時為了鞭策跑者，我會故意說一些嚴厲的話：「在這裡不努力跑就別想抵達目標！」「當初是為了什麼接受挑戰！」，森三中的大島美聽到這些話，還因此哭了呢……但是，不在這個時候讓他們振奮精神，就無法超越極限。

當跑程剩下10公里時，由於想像得到達成目標的感覺，心情上也會變得安定。人們一旦湧起希望，就能將之前體驗的痛苦拋到腦後。

全程馬拉松也是一樣。在長距離比賽中，跑者的心情經常會在前段、中段、後段各個階段產生動搖，要打造時而哄勸自己，時而斥責自己的精神力。用三分實力七分心情，一定可以跑完全程馬拉松。

Part.3

跑步的延續

持續跑下去，一定會產生肉體的疼痛和疲勞感。
只要認識適當冰敷這樣的照護以及預防對策，
自己也能某種程度加以處理。此外，不只是疼痛出現後的應對，
鍛鍊軀幹的肌肉，提升能夠跑步的身體也很重要。
在這個章節，將為大家介紹持續跑步的必要資訊。

Part.3

跑步的延續

慢跑的習慣化

抱著明確的目標跑步吧 跑越多越能了解跑步的魅力

「該怎麼做才能持續跑下去？」

這是我經常被詢問到的問題之一。跑步確實有辛苦的時候，讓人難以繼續下去。因此，本書將以「不辛苦的程度」「像是在享受一般」的態度做為初學者的入門指南。

不過，最重要的是，面對「自己為了什麼目的而跑步？」這個問題，能否作出回答？換句話說，「跑步的目的到底是什麼？」。想跑全程馬拉松、想跑10公里，或者是想發洩壓力、想減肥、想進一步享受高爾夫球或登山的樂趣而培養體力、想要體會有如脫胎換骨般的成就感……雖然每個人有各自不同的目的，但目標模稜兩可，就很難持續。舉例來說，因為是「好像對健康不錯，不由自主地跑步」「因為朋友推薦，所以陪他一起跑」這樣的理由，相信一定無法長久持續。

24小時馬拉松跑者為什麼要做嚴峻的練習，受盡苦難的最後，要說能否跑完一天一夜，裡頭已經超越「必須跑完全程」的義務感，而是對誰都不願低頭的目的和使命感。

但是馬拉松有趣的地方，在於抱有目的的跑步過程中，發現跑步本身的魅力。像是不知不覺中對運動後大量流汗，生理上的爽快感上癮，或是跑完全程馬拉松的成就感，讓你在心中歡呼至今從未體驗過的感動。

首先必須訂下明確的目標——無論是日常生活還是工作都一樣，不這樣人就沒辦法進步。

為了成為擁有明確目標的跑者，要有跑下去所需要的心理準備。初學者要牢記這十條，並且反映在跑步生活中！

者的10條守則

一 首先要踏出第一步！

所謂「千里之行，起於足下」，想要跑步、想跑完全程馬拉松，首先要踏出第一步。「跑步」是「走路」的延伸。

二 一週三次，每次走30分鐘

即使是運動不足的人也能走路，所以先試著走30分鐘吧。中間休息兩天以下，一週進行三次就能得到確實的運動效果。請以輕鬆欣賞風景的步調來走路。

三 備好跑步所需的工具

如果想不受傷，舒服地提升運動能力，就要事先備齊為跑步特別強化機能或安全性的跑鞋、服裝、物品。也就是說，這些是進步的捷徑。

四 途中用走的也沒關係，所以試著跑看看

即使有人開始跑後感覺痛苦，仍然對「走路」抱有抵抗感，但疲累時其實可以坦率地走路。疲累是來自身體的警告訊號。讓跑完的肌肉和心肺休息後，再繼續跑就好。

五 了解自己的弱點

在走路或跑步時，從肌肉的緊繃或疲勞狀態了解自己的弱點。肉體強弱有個別差異。只要了解自己的特性，就容易找到對策。

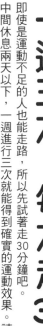

Part.3

輕鬆成為跑者

六 學會養護身體的方法

就像保養得宜的工具可以很耐用一樣，身體只要好好保養就能維持健康。一旦跑步，身體累積的損傷遠超乎想像，所以要做好萬全的照料。

七 鍛鍊為了跑步的軀幹

為了用正確的姿勢跑步，「軀幹」肌肉的鍛鍊重要而不可或缺，透過補強訓練培養必要肌力才是捷徑。背部、腹部、臀部、下肢的肌肉構成的「軀幹」，正是擔負著支撐身體平穩的重要角色。

八 嚴禁勉強，注意不要跑過頭

雖然對有心跑步給予高度評價，但是嚴禁過頭。請別忘記不勉強地跑步，才能跑得長長久久。休息也是練習的一環。

九 習慣跑步後，再多跑10分鐘！

完成某個課表後，若還有餘力，就算只有一下子也沒關係，請延長時間繼續跑。這看似微小的累積，與達成全馬目標息息相關。

十 保持均衡的飲食，品質良好的睡眠

就算跑力變好，狀態不好也不具意義。為了舒服健康地跑步過日子，請留意人體功能所需的飲食與睡眠。

補強跑步用的軀幹

軀幹才是跑步之要
藉由補強彌補練習不足

挑戰24小時馬拉松的藝人大多都很忙，無法如願地撥出時間練習，但我還是請藝人每天做到前面提過的伸展，以及即將在此介紹的軀幹肌力訓練。

如果軀幹肌力不足以支撐身體，就無法用正確的姿勢跑步。姿勢一旦崩解，跑起來就不順心，疲勞度增加，早早退場也說不定。說得極端一點，只要做到慢跑練習和肌力訓練，在沒有時間限制的前提下，一定可以跑完全程馬拉松。就算後半段體力用盡，只要有著能夠呼應「前進」的意志，透過肌力訓練製造一個能跑的身體，就能達成目標。那樣程度的軀幹肌力訓練很重要。

話雖如此，我並不是要教大家做那種會發出哀號的高難度補強運動。透過持續少量的訓練，就能培養出長距離必要的肌力。太過忙碌而無法跑步的日子，只要利用一點時間做這套肌力訓練，就能達到很大的效益。一開始或許會因為不習慣而覺得麻煩，但務必當成每天必做的功課。

支撐身體的重要肌肉

何謂軀幹？

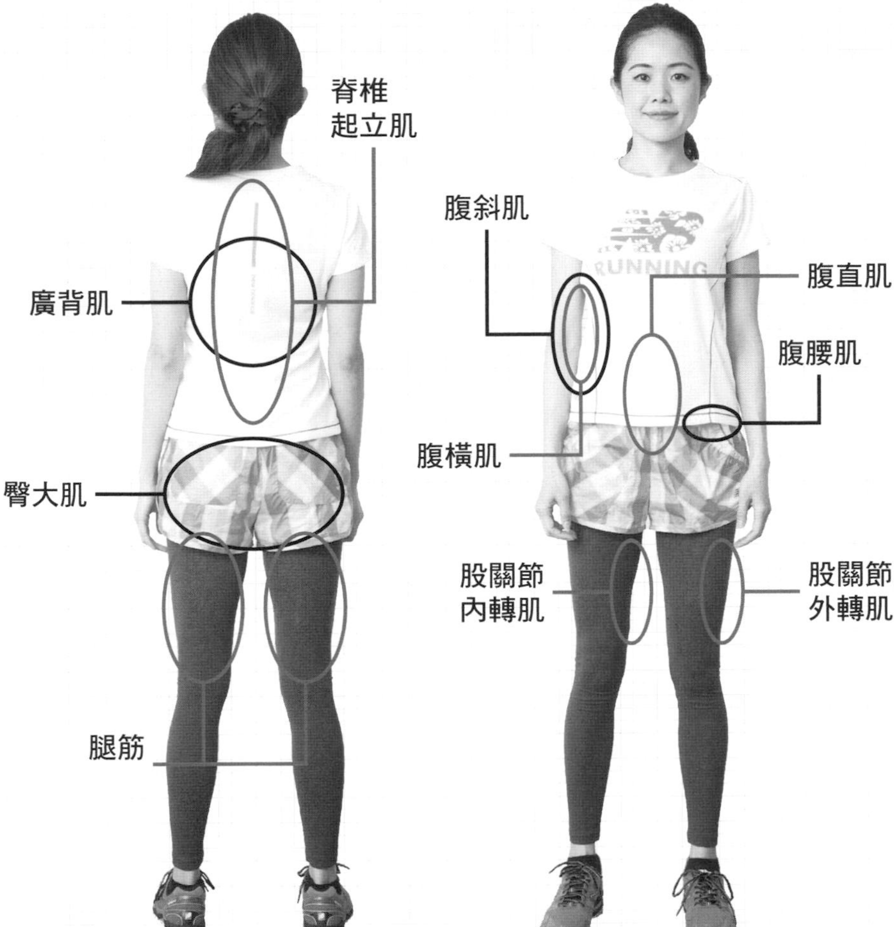

脊椎
起立肌
廣背肌
臀大肌
腿筋
腹斜肌
腹直肌
腹腰肌
腹橫肌
股關節
內轉肌
股關節
外轉肌

軀幹肌肉是保持跑步姿勢的肌群

「軀幹」是指哪些部位？大致來說，指的是背部、腹部、臀部以及下肢的肌肉。也就是支撐身體的肌肉，對運動的人來說也是最為重要的部位。建議於就寢前進行訓練。請避免產生反作用力，以緩慢的速度來進行每次的動作。

鍛鍊上腹部的肌肉

腹肌訓練①

仰躺於平地上，兩膝併攏抬起，膝蓋彎曲呈直角。雙手放在耳朵兩側，抬起上半身。不用勉強抬起上半身，一旦感覺腹肌收縮，就可以慢慢回到原本的姿勢。

以緩慢的速度進行，直到眼睛看到肚臍為止。

10回 3個循環 → 習慣之後 → 30回 3個循環

以下腹部為中心 強化整體

腹肌訓練②

膝蓋打直 雙腿抬高，將意識集中於下腹部

30個呼吸 3個循環 ← 習慣之後 ← 10個呼吸 3個循環

仰躺於平地上，雙腿合攏伸直，一邊慢慢地吐氣，一邊將雙腿抬高，到大約離地20cm，將意識集中於腹肌和腿部肌肉，保持這個姿勢10個呼吸。

身體呈趴姿，雙手抱住後腦，避免使用到反作用力，慢慢挺起上半身。注意下巴不要抬起。

不要卯起勁做 要和緩地進行

背肌訓練①

假如沒有人輔助，可利用櫃子的抽屜等物

20回 2個循環 → 習慣之後 → 20回 5個循環

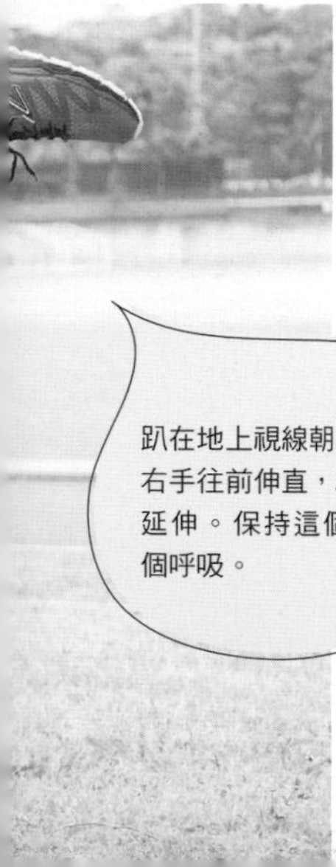

趴在地上視線朝向前方，右手往前伸直，左腳往後延伸。保持這個姿勢30個呼吸。

鍛鍊全身肌肉

背肌訓練②

臉部向前方，腳直直往上抬高

大約維持30個呼吸，左右各2組 → 習慣之後 → 大約維持30個呼吸，左右各5組

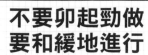

對這裡
有效果。

對這裡
有效果。

最適合強化下半身的運動

深蹲

兩腳與肩同寬，雙手抱住後腦，盡量避免反作用力，慢慢蹲下。一邊將意識集中於大腿前側的肌肉，一邊想像臀部往後坐的感覺。

腳尖稍微朝內，視線朝向前方，吐氣往下蹲，蹲至能力所及最高點後，再慢慢一邊吸氣一邊站起。

注意蹲下時膝蓋不可超過腳尖

30回 3個循環 ← 習慣之後 ← 20回 2個循環

同時強化小腿和小腿肚

下半身訓練

膝蓋打直站立，大拇指根部附近施力，讓腳尖上下活動。可同時鍛鍊到小腿和小腿肚的肌肉。

利用台階既可增加強度
也能同時獲得伸展的效果

30回
3個循環

← 習慣之後

20回
2個循環

上跑步時的重點

利用店家的玻璃窗等反射物確認姿勢

即使想要確認自己是否以正確的姿勢跑步，只要沒有他人的建議或錄製成影片便無法得知。其實只要利用展示櫥窗等反射物，就能夠確認姿勢。不過跑步時看旁邊很危險，所以請在慢慢跑的時候確認。

務必養成夜間跑步時穿戴反射板的習慣

我想應該有很多人，因為工作等因素只能在夜間跑步，這時請養成穿戴反射板或頭燈的習慣。除了汽車以外，最近也有很多沒有照明設備的腳踏車，為了避免意外發生，讓其他用路人注意到自己的存在很重要。

在街道

我想大部分的人習慣在街道上練習跑步，正因為不是公園的跑道而是街道，在此介紹運用的重點以及必須注意的事項。

確保路線上的補水站和廁所

跑步過程中，有時會突然口渴或便意產生等。為了因應這種狀況，最好事先掌握跑步路線上是否有可以買到飲料的商店、公共廁所、便利商店以及加油站等場所。

原來等紅綠燈就是做伸展的好時機！

為了保持步調，測量圈數，本來是希望一直跑不要停下來，在街上卻要在意紅綠燈。但是為此中斷停下來後，可以做些伸展運動，紓解因疲勞而僵硬的肌肉，幫助恢復運動能力。

疼痛照護＆預防方法

「疼痛」是身體發出的警訊，坦然面對並採取適當的應對措施

初學者一旦開始跑步，在初期階段可以說身體幾乎都會產生「疼痛」。因為是喚醒運動不足且沉睡已久的身體，會增加身體負擔是理所當然的。我們之所以要做伸展、肌力訓練、正確姿勢的矯正，就是希望避免疼痛的發生，就算這麼做了還是出現不少疼痛情形，也是無可避免的事。而有些人或許在走路時才會出現疼痛現象。

因此，我想在這個單元，針對疼痛的照護以及預防方法給予建議。

疼痛情形因人而異，因體型、年齡、姿勢上的毛病等，導致跑步時出現的疼痛以各種各樣的方式呈現。舉例來說，持續以勉強的姿勢活動膝關節，會造成韌帶輕微受傷引起發炎；而腳跟若以不自然的角度著地，則會造成腳踝扭傷。

不過，疼痛也有好處，可根據發生的部位，進而了解自己的缺點或弱點。所以，請傾聽身體的聲音，做到照護＆傷害預防。感到疼痛時，基本上就是先施以冰敷，然後安靜休息。冰敷過後還是沒有讓疼痛得到緩解時，請找專門的醫生處理。

為了持續跑下去想讓您知道的事

容易出現疼痛現象的部位

長久跑步下來，身體各部位會產生疼痛。感覺疼痛時，
為了不使疼痛惡化，請停止跑步，改成慢慢地走路。

乳頭

進行長距離跑步時，乳頭長時間與上衣摩擦，可能產生疼痛。跑步時，上下移動次數多的人更容易出現。可以貼上OK繃等加以應對。

股關節

股關節內、外側有時會出現疼痛的現象。大腿有大塊肌肉附著，又是肌群附著的起點，反覆地運動容易引起發炎。

膝蓋

髂脛束症候群，也就是俗稱的「跑者膝」，主要症狀為膝蓋內外側疼痛。為膝蓋周邊肌肉收縮所引起的症狀，治療後還是容易復發，所以要多加注意。

腳踝

除了扭傷之外，腳踝的骨頭形狀也是導致疼痛的原因。強化其周邊的肌肉，增加柔軟度，以正確的踩踏和著地加以應對。

筋肉疼痛

筋肉疼痛程度輕時，有時做些伸展運動舒緩一下反而比較好。但若是關節附近的韌帶或肌腱引起的疼痛，就需要靜養休息。

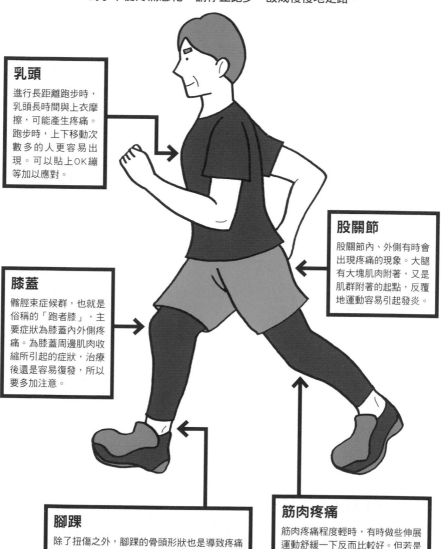

後的養護預防傷害

伸展

一套完整的伸展操是最好的預防對策

跑步結束後的伸展操，具有促進因運動而變得僵硬的肌肉血液循環變好，快速修復肌肉的作用。如果不做伸展，讓肌肉一直處於僵硬的狀態，就容易累積疲勞。可能導致日後練習意外的發生，所以要確實地操作。

冰敷

從失去感覺開始冰敷7～8分鐘

感覺到身體某處出現疼痛或緊繃感時，施以冰敷是第一要務。發炎症狀會導致發燒、血液滯留，所以先冷卻是很重要的。市面上有在販賣專用的冰敷袋，如果沒有，在塑膠袋裡面裝入冰塊也OK。雖然一開始很冰，大約一分鐘就會失去感覺，接著冰敷7分鐘。

藉由跑完

跑步後的保養重點在於，摸起來有發熱紅腫的現象就應先用冷敷，放鬆僵硬的肌肉，促進血液循環。若是試過這裡介紹的方法卻沒有改善，請使用具有消炎鎮痛效果的濕布等用品。

半身浴

藉由按摩和冷水澡恢復疲勞

就身體內部產生作用的意義來說，這是唯一自己可以做到的保養。長時間浸泡在低溫的熱水中促進血液循環，可徹底消除體內血液中的疲勞物質。浸泡時間超過15分鐘，身體會流汗，要記得補充水分。

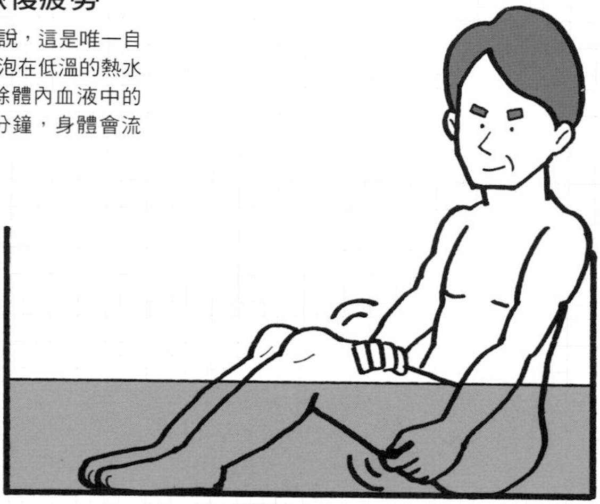

按摩

即使做了具緩和作用的伸展操，還是無法消除肌肉的緊繃時，不妨在泡澡時動手按摩腿部也有改善效果。把肥皂抹在手心，按摩不舒服的部位。與其用揉捏的方式，不如以摩擦方式沿著肌肉纖維按摩的感覺，來促進血液流動。

冷卻

不用冰塊，改用淋浴的方式也能達到簡單的冷卻效果。只要把水淋在腳上，最少15秒。為了使身體降溫，最好在半身浴之前實施。可以的話，請和上述的半身浴按摩一併進行，交互進行3～5次效果更佳。

Part.3

擦傷預防

跑步除了會造成關節和肌肉的損傷，「擦傷」也是常見的問題。
一旦乳頭摩擦破皮或長肉刺，就會引起疼痛感，影響正常的跑步。
為了舒適的持續跑下去，請悉心照料。

腳破皮

不只腳跟，也要注意腳趾間

造成腳破皮或長肉刺的原因，是由摩擦所造成的。現在市面上可見到慕斯狀的運動乳膏，由於顆粒相當細緻，塗抹後可滲透至皮下組織，減輕長時間的摩擦。另外，腳趾跟腳趾間會摩擦的人，穿著五指襪也能有效減少摩擦。

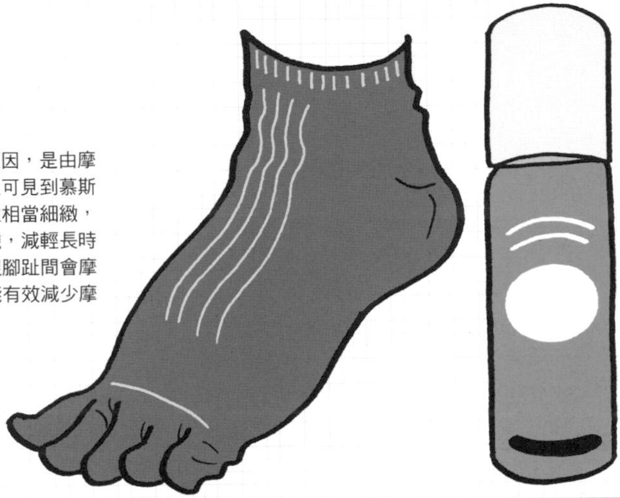

乳頭的摩擦

可塗上嬰兒油減輕摩擦

可以使用藥水膠布預防摩擦，或是剪一塊繃帶貼上也OK。貼的時候，務必保持皮膚乾爽的狀態。女性方面，則有減輕摩擦的跑者專用胸罩。另外，會摩擦到臀部或腋下的人，也可以在該部位塗上嬰兒油。

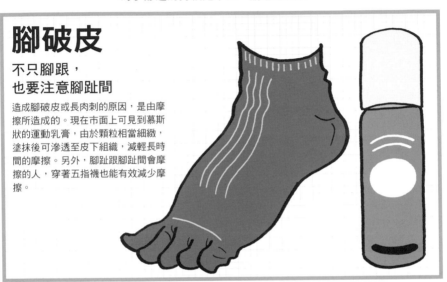

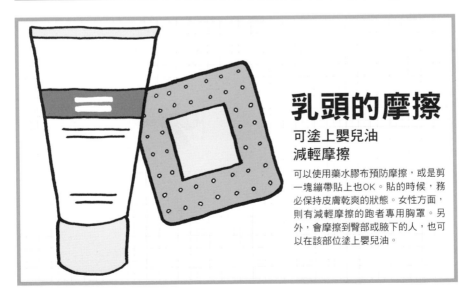

Part.3 防曬對策

在戶外跑步，無論如何都會曬傷皮膚。
女性尤其在意這點，請確實做好防曬準備。

帽子

防曬的標準配備，能在中暑對策、雨天確保視線、冷天頭部保暖等，各種情形下提供便利性，請事先準備一頂。

墨鏡

日照強的日子，眼睛的疲勞會直接影響身體上的疲勞。所以，也許有些難為情，不過希望銀髮族的跑者也能準備一副。

抗UV服裝

目前販賣許多以能夠阻絕日曬大敵——紫外線（UV），纖維材質製成的服裝，請依據需求挑選適合的服裝。

預防日曬要隨著時間補擦

市面上有出「SPF50」等UV系數高效防曬商品，也有流汗也不易脫落的類型，為了做到萬全的防護，請確實地反覆補擦。

小心中暑！

近年來由於全球暖化，陸續出現在家也發生中暑的人。跑步的人，尤其是銀髮族和肥胖者要特別注意。要預防中暑最有效的對策果然還是補充水分。等到出現自覺症狀時就太晚了，請隨時對身體發熱、呼吸困難等細微變化保持敏感，在症狀出現前確實採取對策。有時也要具備暫停跑步的心理準備。

關於日常的飲食

吃東西也是跑步練習的一環，請留意均衡的飲食

由於跑者體能的消耗很劇烈，所以飲食也成為一項訓練。當然不可以飲食過量，也不建議為了跑步而減輕體重。由於從事的是至今為止沒有從事過的運動，所以體重自然會變輕。重要的是，養成適量、均衡不偏食的飲食。

跑者必要的營養素為醣類、蛋白質、維生素、礦物質。另外，脂肪將成為慢跑時的能量來源，所以也需要補充適量的脂肪。

由於跑者會大量使用肌肉運動，所以推薦的菜單果然是富含蛋白質的肉、魚、豆類等，希望跑者在三類食物中最少攝取到兩種。作為身體主要能量來源的醣類是米食等的碳水化合物所提供，可消除肌肉疲勞的維生素C、B、鐵、鎂，則來自綠花椰菜或波菜等綠色蔬菜。

早上起床後，盡可能攝取可以讓體溫上升的碳水化合物。中午大多外食居多，這時可以均衡攝取含有蛋白質的食物。晚上請在就寢前三小時，攝取以消除疲勞為主的食物。

藉由飲食補充運動中所消耗的能量

跑者身體必需的營養素

要均衡攝取所有營養素不是一件容易的事，
在此想讓您知道如何攝取必需維生素等各種營養素的特性。

醣類

提供舒適跑步的能源

醣類儲存於肌肉和腎臟中，可作為身體能量的來源，故早餐建議確實攝取白米飯。一旦醣類不足，身體會自動啟動機制，阻礙修復肉體的蛋白質運作，所以需要攝取充足的醣類。

蛋白質

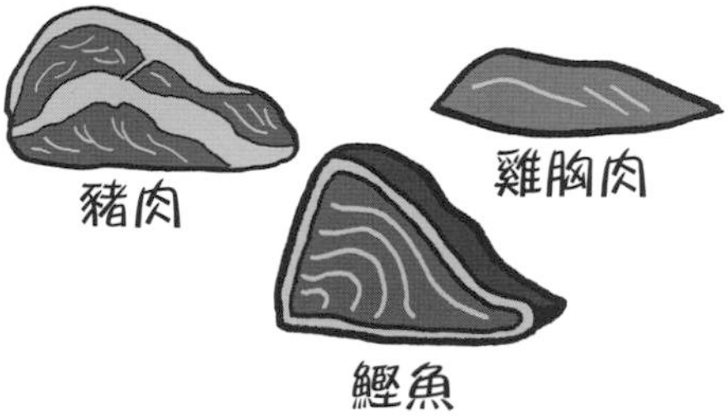

可修復因跑步而損傷的肌肉

我們的肌肉、骨骼、內臟組織、皮膚，以至於荷爾蒙，都是由蛋白質所組成。長時間持續跑步，會使肌肉纖維受到損傷。為了修復受損的部位，蛋白質是不可或缺的營養。

維生素

輔助打造身體的潤滑劑

在消除疲勞或預防感冒等身體管理層面不可或缺的維生素，在醣類轉換成能量或蛋白質轉換成肌肉時，扮演著潤滑劑的角色。多虧維生素的幫忙，才能有效地打造身體。

礦物質

藉由飲食確實攝取

在礦物質方面，鐵質和鈣質對人體尤其重要。鐵質是構成血紅素的形成、鈣質則是構成骨骼的主要成分，劇烈使用肉體的跑者務必要確實攝取。

Runnig column

並非完全依賴營養補助食品，而是配合需要，靈活運用

近年來，經常補充營養補助食品的人口日益增加。就補充容易攝取不足的營養素來說固然方便，但老實說，我覺得似乎有點過度依賴。因為怕麻煩，所以三餐總是買個速食隨便打發，之後再補充營養補助食品就好的想法令人不能認同。

劇烈使用肉體的跑者，還是要均衡地攝取飲食。儘管如此，還是有因運動造成過多的體力付出而產生不足的營養素，或是很難僅靠飲食就攝取到的成分，這時透過營養補助食品來補充就成為有效的手段。

由於跑步會動員許多的肌肉，所以每次練習，肌肉纖維就會遭受破壞。想要修復受損的肌肉，就需要蛋白質。基本上，從食物中的肉、魚、豆類攝取就可以，不過也有促進肌肉纖維修復的營養補助食品，那就是支鏈胺基酸（BCAA）。BCAA本身可以修復肌肉纖維，其最大特徵是具有命令攝取了蛋白質的身體「製造肌肉！」的作用。因此，均衡飲食果然重要而不可或缺。由於從一般食品中不容易攝取到BCAA，故推薦藉由營養補助食品來做補充。商品有以粉狀或錠劑出售，最近也有推出在運動飲料中加入BCAA成分的商品，請根據需要適當飲用。此外，也請在跑步的過程中，善用運動飲料來補充水分。

另外，和BCAA一樣不容易從食品中攝取的成分，就是最近很常聽到的硫酸軟骨素及葡萄糖胺。硫酸軟骨素是關節軟骨和結締組織的組成部分，葡萄糖胺也是主要組成關節軟骨的營養。一旦跑步，股關節、膝蓋、腳踝的關節部位就會受損，尤其是銀髮族跑者，會隨著年紀增加使得關節軟骨逐漸失去緩衝保護的功能，所以有時一跑步就會出現明顯的疼痛現象。為了保護關節軟骨，最好視需要補充硫酸軟骨素及葡萄糖胺。

最後還是要提醒大家，均衡飲食才是保健之本，營養補助食品只是「輔助」。

Part.4

邁向全程馬拉松之路

奠定跑步身體的基礎後，就開始考慮全程馬拉松的練習吧。
在此介紹將參加馬拉松賽事的日期往回推，
規劃出符合賽事的訓練表。並且展開全馬前的準備以及
模擬比賽當天的全馬攻略。
透過概念訓練學會「跑者之心」！

挑戰的基準

用12個月的時間挑戰全馬
前半年要先培養基礎體力

在了解自己的體能，理解「跑步」，到慢慢享受慢跑後，終於要邁向全馬之路了。

初次參加全馬比賽的人，最少需要6個月的練習期，不，若是拿起本書，完全不能跑的人則需要一年。這段期間是長是短，就看每個人的認知。

全馬取向的訓練分成四個階段。首先是最重要的「培養基礎體力」，再來是「速度訓練」，接著是「調整期」，最後是「挑戰比賽前應該做的事」。以我來說，為了做好萬全的準備，希望能有半年的時間來培養基礎體力。不管如何，好好進行之前所介紹的基本準備。

只要從每週三次、每次30分鐘的走路開始，慢慢拉長時間和距離，再轉變成慢跑，另一方面確實進行肌肉訓練和伸展，三個月下來，應該就能夠培養出一小時左右的跑力。

如此一來，培養基礎體力就進入下一個階段。

照片提供：湘南國際馬拉松

要意識到的是ＬＳＤ

打造長時間跑步的燃料箱 慢慢跑提升肌耐力

一旦將跑步「習慣化」之後，就開始練習長距離跑步（ＬＳＤ）吧。要跑全馬，需要長時間的身體活動。ＬＳＤ在作為打造燃料箱的練習上，具有顯著效果。所謂燃料箱，是指能夠承受長時間跑步的肌耐力。

至於打造方法很簡單，用跟走路差不多的速度跑步就ＯＫ。如果有一起跑的同伴，保持交談也不會喘的速度即可。如果要看到ＬＳＤ的效果，至少要跑兩個小時以上。

接下來的三個月，一邊按照平常每週三次的練習，一邊進行一個月一次的ＬＳＤ。如果有時間，能在ＬＳＤ花上４～５小時是最理想的狀態。舉例來說，決定好要跑４小時，將必需物品裝入登山包後，就沿著路線跑去。當跑完決定的時間，這時可以吃頓飯或搭乘電車回家，享受旅行的氣氛。

若要說如何定義全程馬拉松，就結果來說就是「長時間跑步」。關鍵不在於速度或排名，如何長時間跑下去才是重點。

要注意到是何種數字？

LSD的訓練

例

10km 用 70分 = 8.5km/h

距離 ／ 時間 ／ 平均時速

只看**距離**是不夠的

「今天跑了10km」等，只有考慮跑步距離，配速容易失常。只要按照一定的速度，延長跑步的時間，跑步距離自然會變長，所以要考慮到節奏。

LSD

如果想跑得**快一點**

如果想在比賽中跑出好成績，為了縮短平均時速，會將接近全力衝刺的短距離全速衝刺（Wind Sprint）加入練習，不過應該以打造能夠持續跑步的身體為優先。

保持一定的節奏
長時間慢跑吧！

對於全馬初學者來說，即使慢慢跑，也要保持一定的節奏，打造適合長時間跑步的身體。因此，意識到跑步「時間」的LSD訓練，是最適合進行的訓練。LSD是藉由控制運動強度、緩慢跑步，供應較多的氧氣，使紅血球容易通過毛細血管末稍，進而提高運動能力。

訓練計畫

最初的半年先培養基礎體力。為了長時間跑步，基礎打好很重要，請按部就班的耐心進行，直到對自己有信心為止。

開始

奠定基礎期

- 挑選跑鞋 P22
- 一週三次×每次30分鐘 P32
- 備齊跑步用的裝備 P61
- 轉變成慢跑 P36
- 伸展運動 P54
- 補強訓練 P70
- 跑完後身體的照料與疲勞的恢復 P80

個月

全程馬拉松

6個月

LSD訓練

2、3個月

・逐漸拉長跑步的時間

累積跑力後，可拉長跑步時間和距離。如果這次跑了45分鐘，下次就延長至1小時，如果能跑到5km，下次就延長距離到7km。只是每次都延長就太勉強了，請在不勉強自己的程度下，增加或減少跑步時間。

・一個月進行一次LSD（最少2小時）

最少一個月進行一次。建議時間最少2小時，若能達到4～5小時，預期會有顯著的效果。訣竅在於如何長時間不厭倦地跑下去。帶著旅行的心情，到陌生的地方跑步也是不錯的方法。

・由下而上提升飲食、肌肉訓練、伸展

一旦能跑到某種程度後，伴隨運動強度的增加，會消耗大量的卡路里。確實飲食增強體力也是練習的一環。

此外，也要增加肌肉訓練和伸展運動的次數，請做整體性的提升。

訓練計畫

花半年時間培養體力，也熟悉跑步了。
接下來的練習，需要將意識調整成適合正式比賽的心態。

6個月　7個月　8個月

①速度訓練　②速度訓練

・讓跑步的距離和內容各具主題

就確認經過半年增強了多少體力的意義來說，為了更了解自己，可將跑步的距離和內容做成記錄。也就是留意時間等等。

・5練・1休・1其他運動

雖然每週進行3次練習也可以，不過理想上是每週安排5次的練習。如果可以做點游泳或騎腳踏車等轉換心情的交叉訓練就更理想了。

・將意識集中於完成的時間，讓身體習慣步調

決定自己想以多少時間跑完全馬後，計算出所需的速度和步調，持續進行練跑，讓身體養成習慣的作業。

・一個月最少跑1次全程馬拉松

在速度訓練後半段的兩個月期間，挑戰全馬的距離。一個月最少跑1至2次，一邊估計全馬的步調一邊跑步。

Part.4

全程馬拉松

10個月

2個月前

2週前

比賽前

比賽當天

調整期

・進一步加強伸展和補強訓練

・確實做到跑步後的養護、睡眠

・調整身體狀況

在比賽剩下兩個月時，要一邊練習一邊將體能狀態放在心上。一邊繼續到目前為止的練習強度，一邊留心養護身體。

・減少練習量

比賽進入倒數兩週前，請逐漸減少練習量。減少跑步。一邊進行以全速衝刺跑完後半段1分～1分半等的心肺刺激。

・每天都要進行伸展和補強訓練

・正式比賽前兩、三天不跑步！

為了徹底消除身體所累積的疲勞，比賽前兩、三天請完全休息。不動動身體或許會感到不安，正式比賽時再好好利用這樣的飢餓感。

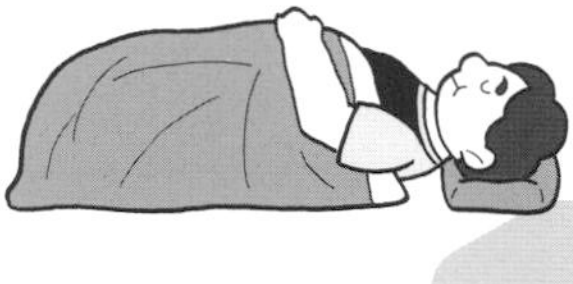

7～12

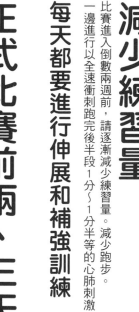

全程馬拉松事前準備

不要忘記受理日期！確保攝取充足的水分

終於來到馬拉松比賽的前一天，相信大家的心情混雜著不安和期待，體會到日常生活所沒有的、一種不可思議的感受。

比賽前一天應該做的，首先是辦理比賽報到。大部分的比賽都是前一天受理報到，但也有在比賽當天才受理，請不要弄錯日期。帶著比賽單位事先寄來的「領取號碼牌的通知書」去報到，就會拿到一張號碼牌。大會人員會將放有RC票（記錄用）、紀念品、賽程表的袋子和號碼牌一起交給你，這樣就OK了。

另外，我希望第一次參加馬拉松的人在前一天做的，就是「Water loading」。在比賽前一天之內，大約攝取1．5～2公升的水分，然後在就寢前的2～3個小時再喝300cc的水。

這是在比賽前將水分儲存於人體的前置作業。在體內水分充足的狀態下起跑，流汗後再補充水分，盡量不讓體內的水分含量產生變化。不用說脫水症狀，人一旦流汗造成體內的水分流失，其表現就會變差。為了愉快地跑到最後，請在比賽前讓體內保持水分充足的狀態。

別忘了以享受跑步的心情跑步！

當天應帶的物品

因為第一次參加比賽，不禁想把所有東西都帶齊，不過考慮到攜帶和寄放，請事前確認，選出最低限度的必要物品！

攜帶物品	建議
□ 號碼牌或是交換券	號碼牌最好在前一天貼在衣服上。沒有交換券就不能參加，務必不要忘記。
□ 跑鞋	有人會準備沒穿過的跑鞋，但嚴禁這麼做，因為會變成跑步障礙的原因，所以請準備平常穿習慣的跑鞋。
□ 服裝類	半袖（長袖）服裝、內衣（內襯）、跑步褲，以及內搭褲、運動褲、風衣、襪子等。
□ 帽子	不管是晴天、雨天、冷天還是熱天，適用於任何狀況的帽子很珍貴，所以請準備一頂。如果比賽當天氣溫很低，可準備一雙手套。
□ 替換用的服裝	若不小心忘記帶內衣等衣物，就得滿身大汗地回家。另外，避免跑完吹到風就感冒的狀況，應盡快更換衣物。
□ 運動手錶	運動手錶是確認時間和圈數的重要夥伴。初學者在賽事前半段容易衝動，為了保持不會失敗的步調，推薦跑者使用。
□ 毛巾	可在比賽中擦汗或在換衣服時使用，所以多攜帶幾種不同種類吧。超細纖維等材質的毛巾具有良好的速乾性，使用起來很方便。
□ OK繃乳膏類	為了跑步時跌倒、弄破水泡或是擦傷皮膚等意外作好準備，請準備不會造成負擔的攜帶物品。
□ 錢包	往返的交通費、飲料輕食費等，盡量不要帶太多的現金。可以準備方便攜帶的小錢包等。

Part.4 邁向全程馬拉松之路

模擬比賽當天狀況

要有觀察周遭的從容 相信自己，等待鳴槍聲！

比賽當天，或許有人無法抑制高昂的情緒，可能也有人會因為緊張而睡不好，總之到這個地步，凡事只能往好處想。

穿著出場比賽用的服裝離開家門，假如天氣冷，可在外面加件運動外套或風衣。會場通常設有更衣室或換衣服用的帳篷，不過大多很擁擠。在會場做好跑步準備後，就將行李塞進背包並且寄放在「寄放處」，可事先在要寄放的行李寫上自己的姓名和號牌。跑完後要領回行李，似乎大多會跟身上的號碼牌交換。

會場內會廣播比賽當天進行的訊息。內容除了比賽進行的情況，也會說明會場內有什麼在進行，或是比賽中的注意事項等等，這些都要事先聽清楚。應該可以聽到因參賽者個人最佳時間而集合場所有所不同等的詳細資訊。

比賽前15到20分鐘會引導參賽者至起跑點。來到這裡後，心情應該會變得相當緊張，請回想每天的努力，相信自己的能力，勇於挑戰吧。

早上醒來做準備，只要站在會場的起跑點上，該做的事就已完成七成。再來就靠體力和毅力來完成。

全程馬拉松攻略
比賽前

早上要
注入源源不
絕的活力！
好了，
努力跑吧！
早一點
抵達。
有秩序地
提早排
隊。

起床 → **早餐** → **抵達會場** → **上廁所** → **補充水分**

早上醒來，補充300cc的水分

或許會因為緊張而睡不好，不過起床後繼續進行「Water loading」。藉由水分從體內醒過來。

在比賽前2～3小時吃完早餐

吃些容易消化的食物。避免生食或不好消化的食物，容易轉化為能量的碳水化合物（白飯、麵包、麵食）最理想。

在比賽前的1～1.5小時抵達

因為交通管制的因素，日本的比賽時間通常為9點開始。也為了避免比賽前慌張，希望跑者能在8點前抵達會場。

廁所很擁擠，請提前上完

比賽前，會陸續出現因緊張而上廁所的跑者，而讓會場準備的簡易型廁所呈現大排長龍的景象。請盡早解決。

比賽前也要記得補充水分

接下來不會太冷，還會微微出汗，所以比賽前做最後的水分補充。如此一來「Water loading」就完善了。

全馬攻略

起跑後

終於要踏上未知世界第一步的全程馬拉松即將開始。前半段注意不要太衝動。

跑得順，更要保持平常心！
能夠按照平常的步調來跑嗎？
好了，努力跑吧！
15km
5km
起跑

隨時補充水分

順路經過補水站吧。補充的份量大約100～150cc。不要一口喝下，要一口一口慢慢地飲用。可以趁這個時候，做一些拉伸動作。

確認配速

體力充足的前半段，初學者容易跟著周遭的步調跑，請確實利用手錶等確認配速。

雖然跑得很舒服，還是要保持一定的配速

由於是練習時跑過的距離，應該不會發生障礙或異常順利跑下去。不要因為好像可以跑就超速，為了後半段的賽事，請保持一定的配速。

留意關門制限時間

舉例來說，限制時間如果是7小時，以9分鐘跑完1km就很足夠，前半段的關門時間會設定比這更早，需事前搜尋相關訊息。

20～35km是最需要堅持的區間！

超過半馬距離的這個區間，才是重要的關鍵時刻。20km大約是跑了兩個小時以上的距離，這時肌肉開始緊繃，甚至感到疲痛，呼吸紊亂，速度漸漸下滑。必需具備的是「心情」。請利用意志力超越痛苦，繼續前進！

那個人
應該也
一樣吧。
差不多
開始變辛苦
了……
35km
20km

適時利用走路或伸展操

超過20km後，不只要利用補水站，也要在適當的時機做一些伸展或轉動腰部來放鬆身體。另外，感到痛苦時，有必要加入走路讓肌肉獲得休息。

尋找步調相同的跑者

體力開始下滑時，這時感到痛苦的不只是自己，其他人也一樣。找尋步調相同的跑者一起跑，會產生不可思議的連帶感，湧現出活力。

利用補水站補充食物

身體差不多開始出現疲勞的時候。為了補充能量，請利用補給站準備的香蕉、糖果、巧克力、食鹽、麵包等，以不過量的程度適當補充。

全馬攻略
終點前

來到剩下的10km時，比起用腦袋思考，更需要靠意志力前進的狀態。超越肉體的極限，可預見的未來是？

超越35km的精神力

不論是肉體上或是精神上都是嚴峻的狀況。我們經常聽到俗稱的「35km撞牆期」，那是指為了達到目標時間的人而言。但是你不一樣。由於目的是全程達陣，感到痛苦的話，用走的就好。靠著精神力前進，在前方等待你的，就是至今從未體驗過的「成就感」。

終點就在眼前！
全馬跑完了！
42.195km

都到這裡了，只能拚了。
35km

習慣疼痛

跑步超過四個小時以上，會因為肉體上的疲勞，讓踏出的每一步對全身都是衝擊。習慣疼痛不是以不穩定的節奏，而是保持一定的節奏跑步。

最後靠著「意志力」克服

肉體逐漸超越極限，能夠幫助自己的只有從「目標在眼前」的希望中，誕生出來的意志力。唯有意志力才能引導你跑完全程。

注意脫水症狀！

即使頻繁地補充水分，身體狀況還是可能因長距離跑步的劇烈變化，發生脫水症狀。精神恍惚時，要多加留意。

來到終點線的瞬間，
照理說應該會體驗到不曾有過的成就感，
說人生觀就此改變也不為過。
那是只有跑過的人才懂的感動，
請務必親身體驗看看。

Part.5

推薦初學者參考的
日本全程馬拉松賽事指引

北海道

札幌・豐平川市民馬拉松

比賽日期：2015年7月　募集期間：2015年3月～
比賽地點：北海道札幌市　受理期間：前天・當天
限制時間：7小時

沿著自然景色豐富的豐平川河所興建屋舍的右岸及左岸路跑，賽道是起伏不大的平坦路線，推薦馬拉松初次參賽者。由市民馬拉松俱樂部主導的比賽，可以盡情享受涼爽初夏的北海道。

石川

金澤馬拉松

比賽日期：2015年11月15日　募集期間：2015年3月～
比賽地點：石川縣金澤市　受理期間：前天・大前天
限制時間：7小時

乘著市民參加的都市型馬拉松風潮誕生的，希望熱愛路跑的跑者們務必參加、值得紀念的第一屆馬拉松大賽。賽道為古都金澤才有的「歷史景觀」或「中心市街地」等，七個充滿魅力區域的周遊型路線。

神奈川

湘南國際馬拉松

比賽日期：2015年11月　募集期間：2015年5月～
比賽地點：神奈川縣大磯町　受理期間：無
限制時間：6小時30分

賽道以大磯附近為起點，在江之島折返，沿著海岸跑的路線。可一邊聽著舒服的海浪聲，一邊享受湘南風情。各給水站、補給站準備的豐富食物也是樂趣之一。

在此挑選一些想推薦給初次挑戰馬拉松，限制時間較長的日本全國大賽給大家參考。除了這些外，還有許多賽事，考慮日程和場所，決定想挑戰的比賽。

福岡

福岡馬拉松

比賽日期：2015年11月
比賽地點：福岡縣福岡市・系島市
限制時間：7小時
募集期間：2015年4月～
受理期間：前天・大前天

由半馬改版，以全馬之姿在2014年舉辦了第一屆比賽。路線以福岡市天神區附近為起點，以糸島市役所志摩廳舍附近為終點。在享受都會文明的同時，也能享受大自然的路線。

大阪

大阪馬拉松

比賽日期：2015年10月
比賽地點：大阪府大阪市
限制時間：7小時
募集期間：2015年4月～
受理期間：前天・大前天

其規模僅次於東京馬拉松的賽事，整體賽道屬於較平坦的路線，初學者也能夠自信挑戰。經起點大阪城、道頓堀、御堂筋、通天閣等，可盡情享受大阪特有的氛圍。

德島

德島馬拉松

比賽日期：2015年4月
比賽地點：德島縣德島市
限制時間：7小時
募集期間：2014年12月～
受理期間：前天・當天

四國最大規模的賽事。可在春天爽朗的陽光中，俯瞰吉野川、遠望成為電影舞台的眉山。賽事結束後，會場安排了德島引以為傲的阿波舞表演，並且提供四國風味的烏龍麵。

第一次跑馬拉松就成功！

Q&A

越是親身體驗，越深入跑步的世界。
在此解答大家練習中或挑戰比賽時所產生的簡單疑問。

Q 雨天是不是最好不要跑步？

A 雨天淋濕身體的確給人不愉快的印象，但是對我來說，只要不是太冷或暴風雨，雨天反而是最適合跑步的日子。濕度適中，呼吸順暢，體溫也不會升得太高。

就算被淋濕了，現在也有撥水性極佳的服裝，只要戴上帽子確保視野即可。如果你打算參加比賽，也有可能遇到雨天路跑的情形，不妨試試！

Q 有沒有不能跑的日子？

A 身體狀況不佳時不用說，再來就是氣象狀況。高溫多濕的日子容易發生中暑，最不適合跑步。濕度高不易排汗，導致過高的體溫無法降低。所以就算攝取再多的水分，還是會發生中暑症狀。平均來說，氣溫在25℃以上，濕氣70％的日子，最好不要跑。

尤其是銀髮族或肥胖者，要是發生狀況可能會來不及應對，請看清狀況再運動。

Q 可以不必在意呼吸法嗎？

A 關於跑步時的呼吸法，或許很多人都聽過「一吸二吐」的方法，以個人來說，我認為呼吸法沒有規則。人體是設計完善的生理結構，會配合狀況做出最適合的呼吸。仔細想想，人們在做短距離衝刺時，甚至不用呼吸。所以不用在意，只要任憑身體決定就好。步調改變，呼吸自然也會跟著改變，不用拘泥於固定形式，只要順其自然即可。

Q 無論如何也抽不出時間，無法練跑時該怎麼辦？

A 相信有些人因工作忙碌，而無法按照計劃跑步吧。24小馬拉松也有很多這樣的人。體力對長距離跑步雖然重要，最後推動雙腳前進的卻是肌力。所以，在沒辦法跑的日子，就算只有短時間也無妨，請進行本書說明的肌力訓練。另外，雖然不是很有計劃性，也有在能跑步的日子挪出2～3小時較長的時間，或者提高速度用比平常快一點的速度來增加負荷的方法。

Q 應該最好穿上緊身褲或褲襪嗎？

A 我想男銀髮族尤其抗拒穿上緊身褲，肌力及關節的耐久力越弱的初學者，越應該使用。被稱作「機能性褲襪」的產品，有保護關節、預防身體故障、支撐骨盤部位讓腰不會往下掉、確保股關節的可動區域等各種輔助性運動用品。練習不用說，在漫長辛苦的馬拉松後半段，一定會成為你強而有力的援軍。

所謂「跑者的愉悅感」（Runners' High）是什麼？

A 是指長時間持續跑步，進入情緒亢奮的狀態。一旦開始跑步，呼吸器官、循環器官、肌肉等，會為了順應特性而引發生理反應現象，像是勉強跑步身體會發出呼吸困難、肌肉疼痛的信號。繼續以這樣的狀態跑步，信號不知不覺地消失，肉體和運動達到同步時，就會產生跑者的愉悅感。那是讓你覺得可以永遠跑下去，非常舒服的瞬間。

如何保持跑完全程馬拉松的心情？

A 初學者平均要花上6小時來跑完全程馬拉松，但是時間過長，要想像達成目標的自己很困難。因此，可以在心裡想著「先跑10 km」吧。達成後，如果還有餘力，再想著「試試跑到折返點吧」。將全程達陣作為最終目標，縮短目標的設定，才能維持心情。前進的距離越多，會離目標越來越近，照理說心情也會漸漸變得輕鬆。請務必試試看。

比起全馬，應該先挑戰半馬嗎？

A 雖然有些人在挑戰全馬前，會試著先挑戰半馬或10 km，我則建議一開始就挑戰全馬。因為半馬或10 km，大多是以時間為目標的跑者，會因為被捲入快速步調而失敗。另一方面，如果是全馬，初學者大多從後方起跑就不會被捲入快速步調，反而可維持自己的節奏跑步。因為想跑全馬而進行練習，應該一開始就以全馬作為目標。

結 語

豐富人生的提示就在跑步當中。

人生什麼時候會發生什麼事我們並不知道。我想拿起這本書的人，在這之前大多與運動無緣，從沒想像過自己有一天會以馬拉松比賽為目標吧。但是，因為某種機緣，對「跑步」產生興趣，挑戰認為「對自己是不可能」的事。我的願望就是幫助有這些想法的人。

跑步就像人生一樣。這是我常對參加24小時跑者或參加比賽的一般跑者說的一句話。

站在起跑點上，該做的事已經完成七成。可是開跑之後會發生什麼事，我們並不知道，也許會很痛苦也說不定。可是，不管面對什麼狀況，只要自己能夠靈活應對就不會有問題——

人生也是如此，往往會遇到麻煩或討厭的事。可是因為無法事先知道，人們每次面對，會想從中找到喜悅或幸福。

如果有人因為我的建議認識到跑步的魅力，獲得豐富人生的提示，沒有比這更叫人開心的事了。

那麼，今天也舒服地跑步吧！

坂本雄次
寫於大磯

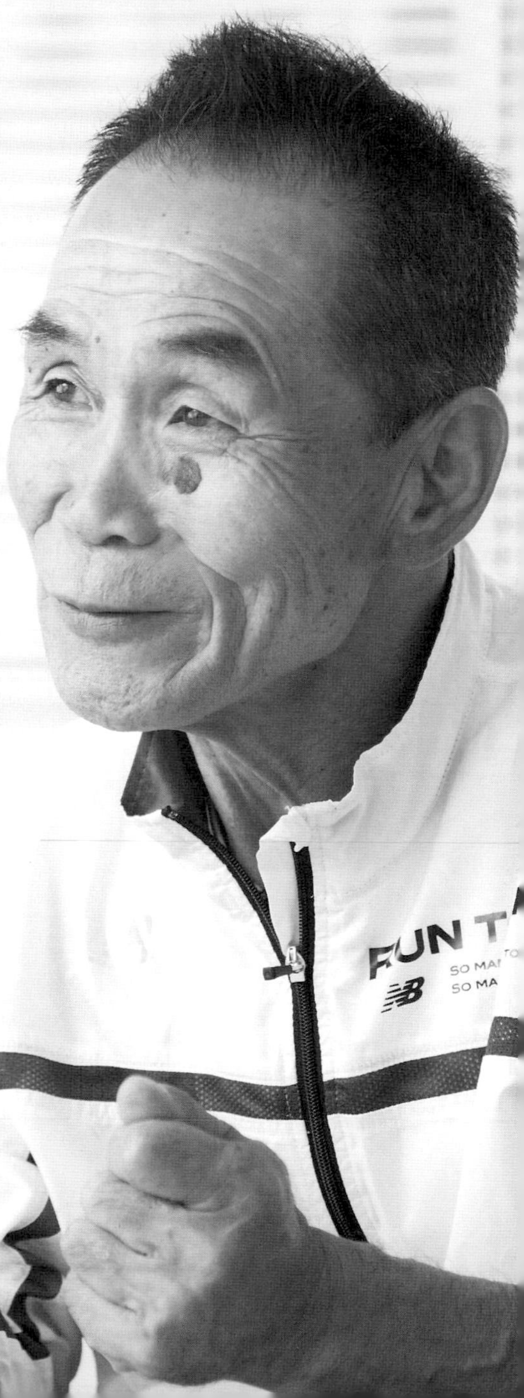

TITLE

第一次跑馬拉松就成功！

STAFF

出版　三悅文化圖書事業有限公司
作者　坂本雄次
譯者　劉蕙瑜

總編輯　郭湘齡
責任編輯　黃美玉
文字編輯　黃思婷
美術編輯　謝彥如
排版　靜思個人工作室
製版　明宏彩色照相製版股份有限公司
印刷　桂林彩色印刷股份有限公司
　　　紘億彩色印刷有限公司
法律顧問　經兆國際法律事務所　黃沛聲律師

代理發行　瑞昇文化事業股份有限公司
地址　新北市中和區景平路464巷2弄1-4號
電話　(02)2945-3191
傳真　(02)2945-3190
網址　www.rising-books.com.tw
e-Mail　resing@ms34.hinet.net

劃撥帳號　19598343
戶名　瑞昇文化事業股份有限公司

初版日期　2015年4月
定價　220元

ORIGINAL JAPANESE EDITION STAFF

撮影　今井裕治
イラスト　森川みちる（cycledesign)
モデル　木下智愛

國家圖書館出版品預行編目資料

第一次跑馬拉松就成功! / 坂本雄次作 ; 劉蕙瑜
譯. -- 初版. -- 新北市 : 三悅文化圖書, 2015.04
112 面 ; 21 x 14.8公分

ISBN 978-986-5959-88-3(平裝)
1.馬拉松賽跑 2.運動訓練

528.9468　104004512

國內著作權保障，請勿翻印 ／ 如有破損或裝訂錯誤請寄回更換
JINSEI GA KAWARU! FULL MARATHON KANSOHO
© YUJI SAKAMOTO 2014
Originally published in Japan by Shufunotomo Co., Ltd.
Translation rights arranged with Shufunotomo Co., Ltd.
through Keio Cultural Enterprise Co., Ltd.